雪泥鴻爪話俗語
有趣的金門俗語集錦

陳麗玉／著

為先民方言文化結晶永續相傳
——雪泥鴻爪話俗語【自序】

陳麗玉

　　翻開金門的歷史，金門原是荒島。自晉朝五胡亂華時即可能
有大陸中原衣冠人士遷入金門居住，唐德宗時，閩觀察使柳冕奏
請皇帝在福建設置萬安監，牧養馬匹以充實國力，泉州府有五處
牧馬區，金門是其中之一處，牧馬侯陳淵帶來一批中原的吏民，
也就是十二姓氏。到了五代時期，閩王王審知在福建福州建國，
分設同安縣，自此　直到清末民初，金門都隸屬於同安縣。直到
民國四年才正式單獨設立為金門縣。

　　一千七百多年以來，金門的住民大多是來自福建漳州、泉州
二府的移民和後裔，雖然經過宋代朱子的教化，歷代出了四十三
名進士、一百三十餘舉人，科甲之盛冠於全國，擁有「海濱鄒
魯」之美名。但是金門的住民大多數的語言，也是保持漳州、
泉州話的腔調，所以本書所撰錄寫下的俗語皆是以閩南語發音
為主。

　　個人三生有幸，從小生長在金沙鎮太武山腳下的斗門村農
家，與二、三叔公、嬸婆及鄰居的叔公、嬸婆、祖仔輩們朝夕相
處，在村中又屬輩分最小，大家對我皆十分疼愛，記得讀小學
時，每次中午放學吃完午飯後，左鄰右舍的叔公、嬸婆、祖仔們
就三五成群很自然的將長板凳、椅頭、矮椅子等，在門口埕、或

是牆角下一擺，大家各自找到有陰影的地方一坐，一方面是午間忙裡偷閒的稍作休息，一方面則是閒情逸致、不著邊際的大談闊論午間時段。從這些年長的曾祖父母輩的閒談中，幾凡各個人以及鄰居們的家中事、村中事，社會事、喜事、壞事、不管是事實，抑或是捕風捉影的八卦消息與批評用語，常常三不五時就聽到他們脫口而出，講出好些當時令我目瞪口呆又猶如丈二金剛摸不著頭，又好像「鴨仔聽雷」般似的，一句也聽不懂的閩南語對話來。時至今日回想起來，還真感謝當年有這種幸運的機會，得以接觸這些長輩們，從他們那種恰到好處的天馬行空的家常對話裡，讓我好感佩長輩們雖然目不識丁，但是能運用先人智慧與經驗結晶的俗語技巧，就連老祖母與媽媽亦是常常就會用上一些俗語話來訓勉我們。及至嫁到后宅夫家，先家翁王任璽公是個進過私塾的人，更是一位運用俗語的高手，雖然與家姑經常鬥嘴鼓，見他倆一句來一句去的語出驚人而且出口成章，不用打草稿地對話，其中除了教導我們許多待人處世的大道理外，站在從事教育的觀點上，個人深深覺得這些俗諺語是集先人智慧的結晶，實值得永續的流傳給下一代學習，所以個人膽敢也抱著「野人獻曝」的情懷，在民國九十三、四年間，趁著記憶所及，將自小到大曾耳濡目染及聽聞過的俗語，不怕見笑的想到寫到，七拼八湊，雪泥鴻爪似的采摘記述成篇，其中已有幾篇曾在金門日報副刊「咱的俗語」專欄刊載過，承蒙許多位閱讀過的同好者反應良好。

我深深覺得一句很簡短的俗語，僅少許幾個字而已，但是其中哲理深奧，發人深省，每一句都是代表著先民前輩們可貴的思想和品德規範的表徵，而且用很通俗又逗趣的言詞所表達出來的

一句俗語話，不但在日常生活談話中可以公然使用，更可以從這些俗諺語中規範了許多待人處事的行為準則，每一句俗語都深具潛移默化的教育功能，也可以說是一種能代表語言藝術的文化。及至退休之後，冥冥中好像有一股使命感的力量驅使著我，讓我再次埋首電腦桌前，又開始敘寫一連串「有趣的俗語集錦」文稿，幸運的其中幾篇又被金門日報刊載於副刊，也再次得到多位退休同道的來電鼓勵：「陳校長，我們都是妳忠實的讀者，你寫的俗語，我們都把它留起來收藏……」雖是簡單的幾句話，卻讓我萬分的感動，也帶給我莫大的激勵與鼓舞，終於是愈寫愈有興趣，幾乎到了有點欲罷不能的地步，前後共寫了數百則。後經大女兒芯芸的辛苦，將我的所有俗語文稿加以分類為「咱的俗語」及「有趣的金門俗語集錦」二大章。「咱的俗語」共摘錄五篇曾在金門日報副刊發表過的文章，「有趣的金門俗語集錦」再歸類細分為風俗習慣、情境氣氛、婚姻家庭、人生哲理、生活體驗、兒歌典故等六篇。但願能更方便提供讀者參閱。

　　地區早期流傳的俗語，當然還有很多與節氣、民情風俗有關的俗語，尤其是日常生活中伴隨我長大的、能想到的俗語實際還很多，由於篇幅之限，僅以腦海中偶然浮現出的一部分俗語先呈現，希望熱愛家鄉的朋友們！也請趕緊將您所知道的俗語撰寫出來，讓先民祖先們的智慧結晶、方言文化在你、我、他共同的努力之下得以延續保存且能永續代代相傳。

雪泥鴻爪話俗語
——有趣的金門俗語集錦

壹、

【咱的俗語話】

一、雪泥鴻爪話俗語

　　最近看了金門日報副刊「咱的俗語」專欄數篇文章之後，感觸良多，深深覺得一句很簡短的俗語，僅少許幾個字而已，但是其中哲理深奧，發人深省，每一句都是代表著先民前輩們可貴的思想和品德規範的表徵，也是從實際生活經驗結果的累積，用很美的、而且很通俗的言詞表達出來的一句話，不但在日常生活談話中可以公然使用，更可以從這些俗語中規範了許多待人處事的行為準則，每一句俗語都深具潛移默化的教育功能，也可以說是一種語言藝術的文化。

　　個人三生有幸，從小生長在金沙鎮太武山腳下的斗門村農家，與二、三叔公、嬸婆及鄰居的叔公、嬸婆、祖仔輩們朝夕相處，在村中又屬輩分最小，大家對我皆十分疼愛，記得讀小學時，每次中午放學吃完午飯後，左鄰右舍的叔公、嬸婆、祖仔們就三五成群很自然的將長板凳、椅頭、矮椅子等，在門口埕、或是牆角下一擺，大家各自找到有陰影的地方一坐，一方面是午間忙裡偷閒的稍作休息，一方面則是閒情逸致、不著邊際的大談闊論午間時段。從這些年長的曾祖父母輩的閒談中，幾凡個人及鄰居們的家中事、村中事，社會事、喜事、壞事、不管是事實，抑或是捕風捉影的八卦消息與批評，常常三不五時就聽到他們脫口

而出，講出好些當時令我目瞪口呆又猶如丈二金剛摸不著頭，又好像「鴨仔聽雷」般似的，一句也聽不懂的對話來。

時至今日回想起來，還真感謝當年有這種幸運的機會，得以接觸這些長輩們，從他們那種恰到好處的天馬行空的家常對話裡，讓我好感佩長輩們雖然目不識丁，但是能運用先人智慧與經驗結晶的俗語技巧，就連老祖母與媽媽亦是常常就會用上一兩句俗語來訓勉我們。及至嫁到后宅夫家，先家翁王任璽公是個進過私塾的人，更是運用俗語的高手，經常出口成章，不用打草稿地教導我們，個人深深覺得這些集先人智慧的結晶俗語，真的是值得永續的流傳給下一代學習，所以個人膽敢也抱著「野人獻曝」的情懷，趁著在尚未得老人痴呆症、沒失聰之前，將自小到大曾耳濡目染及聽聞過的俗語，趁記憶所及，不怕見笑的七拼八湊，雪泥鴻爪似的采摘記述如後以分享同好者：

◎「囡仔人，有耳無嘴。」「囡仔人」即是小孩子。意思是說大人在講話時，小孩子要安靜恬恬聽，要專心用耳朵多聽多聞，不能沒有禮貌，當長輩在進行講話時，不能從中插嘴，打斷大人講話的情緒。

◎「魚食流水，人食嘴水。」「嘴水」指嘴巴要甜一點，常口出好話。是說魚兒靠吃流水中的微生物而活，而人要靠嘴巴甜一點，常口出好話，凡遇見人要懂得打招呼，懂得禮貌才得人緣，謀事與就業才能比別人更有機會的意思。

◎「爸母疼細囝，公嬤疼大孫。」「爸母」是父母，「細囝」是最小的兒子，「公嬤」是指祖父母。意思很明

白，整句是指一般人的常情，父母常是最疼愛最小的兒子，而祖父母則是疼愛最大的長孫。

◎ 「別人桌頂挾肉飼乾家。」「乾家」指婆婆。是說從別人的飯桌上挾肉請婆婆吃。比喻「借花獻佛」的意思。

◎ 「卜來無張弛，卜去無相辭。」「無張弛」指無意、沒有預期的情況下。是說要來時也匆匆，要離去時也匆匆，都是在無意、沒有預期的情況下發生的形容詞。

◎ 「卜食怀陳動。」「怀」是不會，「陳動」是指勞動。整句意思常用在指責一個只想要吃，卻不想做事情的人，比喻「好吃懶做。」或責罵好逸惡勞的懶惰蟲之形容詞。

◎ 「趁錢有數，性命著顧。」「趁錢」即賺錢。是說人賺錢要有限度，有健康的身體（性命）更重要，身體的健康是需靠自己來照顧好。意思是勸人不要只顧拚命賺錢而忽略或傷害了自己身體的健康是不划算的。

◎ 「臭骹川（屁股），畏人搵。」「畏」指害怕、畏懼。「搵」指摸或揭露。即是說臭屁股怕人摸。此句乃形容一個人有了嚴重的錯誤或過失時，真的很怕別人家去揭露的意思。

◎ 「自己面小，怨人大骹川。」是說自己因不會胖，臉瘦瘦小小的，竟埋怨別人胖胖的連屁股也大。是形容嫉妒成性，與「吃不到葡萄說葡萄酸。」同道理。

◎ 「自己刣，趁腹內。」「刣」即殺也。「趁」即賺也。是說自己宰殺牲畜時，內臟皆歸自己賺到。比喻凡事自

己動手去做較有利可圖的意思。

◎「家己擔肥怀知臭。」「家己」即自己。「擔肥」是挑糞。是說自己挑糞不知道有臭味。用意在比喻一個人往往不知道自己的缺點，而只會挑剔別人的缺失。與另一句「有嘴講別人，無嘴講自己。」意思相同。

◎「有狀元學生，無狀元先生。」意在形容後生可畏，「有狀元學生，無狀元先生」。亦即與「青出於藍勝於藍」與「長江後浪推前浪，前浪死在沙灘上」的意思相同。

◎「一聲不知，百項無代。」「百項」即百樣、萬端之意。「無代」即無事情、無代誌。是說別人問事時，你凡事就回答「一聲不知道」或是作「一問三不知」，如此就百樣事情不會去惹上禍端（無代誌）。這是一句常用來勸人少管閒事的警語，與「沈默是金」意思與道理相同。

◎「赤腳仔逐鹿，穿鞋仔食鹿肉。」「赤腳仔」指打赤腳的人。是說打赤腳的人辛苦的去追逐逮住鹿隻，可是最後吃到鹿肉的卻是穿鞋子的人在享受。形容遭遇到不公平的待遇。暗諷有人勞而不獲，有人卻不勞而獲。似有違反自然天理之怨嘆詞。

◎「臭頭仔厚藥。」「臭頭仔」指頭上長爛瘡的人。「厚藥」形容藥方很多。整句之原意是說能治療頭上長爛瘡的藥方有很多種，但患者自己耳朵軟易於聽信別人，自己卻又拿不定主意，導致醫來醫去，藥也換來換去反而沒有治癒效果。後來引用於比喻徒勞心力卻無助於事實效果之形容詞。

◎「趁錢給人娶某。」「趁錢」即賺錢。諷刺一個人賺錢給別人娶老婆，豈不是白費心機？

◎「出門看天時，入門看臉色。」是說要出門前先觀看天氣情況如何？好未雨綢繆，事先準備好應帶的用具；而回到家時先對家裡重要的人物察言觀色，好見機行事，不可呆頭憨面不懂因時制宜及不知好歹，把自己弄得灰頭土臉成為白目仔惹人討厭。

◎「卜號無目屎。」「卜號」是「想哭」。整句是說想哭卻流不出眼淚。與欲哭無淚意思相同，比喻有口無心，又與「無那個心，假那個嘴」意思相近。

◎「卜教囝仔學泅（ㄒㄧㄡˊ），伓教囝仔學爬（ㄅㆤˋ）樹。」「學泅（ㄒㄧㄡˊ）」即學游泳。是說要教孩子學游泳，不要教孩子學爬樹，因為學習游泳，萬一落水可自救或救人，而學會爬上高樹，萬一不慎摔下來輕則跌傷，重則斷手殘腿或嚴重時腦震盪命休矣！這句俗語用在比喻：教育孩子的內容要慎重選擇，因為孩子可塑性大，模仿力強，雖然學好與學壞同樣都是「學」，可是教育題材的選擇實不可不謹慎，應擇優而教之。

◎「草索看做蛇。」「草索」即草繩。把草繩看成是一條蛇。形容大驚小怪不沈著的意思。

◎「做衫仔穿破衫，做木仔無眠床。」「做衫仔」指裁縫師傅。「做木仔」指木匠的大師傅。是說：自己當裁縫師傅的人卻自己穿破衣服，做木匠的大師傅自己竟沒有木床可睡。與「補瓷仔食缺」同意思，形容有些人專為

他人作嫁，自己竟無暇照顧自己，又與「做醫生仔，骹川爛一躞（ㄆㄧㄝˋ）。」意思同。

◎「儕牛踏無糞。」「儕」指多的意思。是說很多牛拴在一起，反而集不成肥料。這句是比喻雖然人很多但心不齊一，成不了事體，與「好跳蚤一粒。」是相反詞。

◎「儕囝怀認窮，孤囝燴（ㄇㄟˋ）抓龍。」「儕囝」是很多孩子。「怀」即不。「孤囝」指獨生子。「燴（ㄇㄟˋ）」即不會。「燴抓龍」指不成才不成器。是說：生了很多孩子，雖孩子小時候家庭生計負擔重，也許生活苦遭受窮困，但子女長大後，各有事情做，或許眾多孩子中也許有出類拔萃，出將入相的，就不怕患貧窮了。而假如僅生獨子一個，萬一這個獨生子再有個什麼三長兩短，或不幸夭折了，或不能成才、不能成器就真的沒指望了。也許當時農業時代有「多子多孫」的思想觀念，反觀現今的年輕人，認為生孩子是很大的負擔，誰敢說「儕囝怀認窮？」。

◎「徛厝著好厝邊，作田著好園邊。」「徛厝」是居住，或住屋（家）。「厝邊」指鄰居。是說居住要選擇好的鄰居，種植作物也要選好的同種類，以避免近墨者黑，遭到魚池之殃之累。所謂「里仁為美」是也。

◎「春天後母面。」「後母面」指晚娘的面孔。是比喻春天天氣善變化，忽冷忽熱就像晚娘的臉孔一樣，喜怒不形於色，令人難以捉摸，必須隨時提高警覺以防患未然不測的變化。

◎「船過水無痕。」「無痕」指沒有留下痕跡。是說船行駛過水面後，不久水面又恢復了平靜，再也看不到船剛才行駛通過水面時所激起的浪花或漣漪的痕跡。這句是比喻不計前情，有暗諷忘恩負義之意思；也有安慰他人不要再留戀過去，應該寄望於未來之意之雙重用詞。

◎「卜嫁才縛腳，臨渴才掘井。」「卜嫁」是要出嫁之意。是說以前的人欣賞小腳的女人，所以要從小就把腳用布纏踝令其腳足受限制無法長大而成為所謂的「三寸金蓮」。這句是比喻以前的女子等到要出嫁時才纏足，人口渴了才想要去挖井是來不及的事。諷刺做事沒有事先規劃、不能未雨先籌謀的形容詞。

◎「不經一事，不長一智。」「不經」是沒有經驗過或沒有經歷。「不長」即不能增長之意。說明了一個人要實際做過事後才能從中得到經驗與教訓並增長見識與得到真知慧。

◎「卜死才放一個屁。」是譏諷一個人很吝嗇，到了將要死的時候才肯放一個屁。豈不是徒有善願而無濟於事嗎？

◎「戲棚腳企久是人的（ㄟˊ）。」「戲棚腳」是戲檯下。「企久」是說佔久了。是說戲檯下你若是常常去看戲，站久了自然就是屬於你的。形容一個人要成就事業，就要有百折不撓的毅力和勇氣，與吃得苦中苦方為人上人的意思相似。此句是鼓勵人的俗語話之一。

◎「吃果子拜樹頭。」吃水果時，要記得去拜果樹。是提醒人們要有知恩圖報、飲水思源的美德，切不可在成功

之後卻忘記曾經栽培過你的人。

◎「紅柿好食，對兜起蒂。」「對兜」是從那裡、從何處之意。紅柿子好吃，是從那裡起蒂的。這句與上一句「吃果子拜樹頭。」一樣是提醒人們要有知恩圖報、飲水思源的美德，切不可在成功之後卻忘記曾經栽培過你的人之恩情。

◎「食著甜要記著鹹。」吃到甜的美食時要記得曾經吃過的鹹食物。這句話的用意是在：警惕世人，當處在順境安逸時，卻不要忘了曾經身處於逆境時的困窘，與另一句「食飽怀通儈（ㄇㄟ）記餓時代」同意思，都是激勵人們要努力奮發向上，同時要有居安思危的警覺之心。

◎「平平路跋死人。」「跋死」即跌死。平平的道路也會跌死人。是說做任何事都要謹慎，切勿粗心大意，否則「平平路跋死人。」

◎「紅花儈（ㄇㄟ）香，香花儈（ㄇㄟ）紅。」「儈（ㄇㄟ）」即不會之意。大自然的景象真是奇妙，一般常理來說，顏色屬深紅色的花開時督顯得很艷麗，但是比較不香，例如：大紅色的一串紅、天竺葵……等。而開起來香氣四溢的花，如：白色的茉莉、百合、玉蘭花、夜來香……等。又如淺色的桂花、黃梔花、指甲花、小洋蘭……等有香氣的花，都是顏色不會很深的事實。所以這句「紅花儈（ㄇㄟ）香，香花儈（ㄇㄟ）紅。」是比喻天下各種事物皆各有特色，難得十全十美，與「人無完人，金無足赤。」是同樣的意思。

◎「和尚唸經，有喙無心。」廟裡的和尚成天面佛禮佛，雖然口中要不停的朗誦各種不同的經文，但是並沒有真正把經文記在心上。比喻隨口說說而已，沒記在心頭。此句常借用來安慰小孩子被母親碎碎唸責罵後的安慰語。

◎「橫柴櫸入灶。」「櫸」即舉之意。舊時代炊飯煮菜皆用灶燒柴火，灶門的口並不大，柴木必須要直的方式才能放進灶內燒，若是要將柴木用橫的方式硬舉放進灶內是行不通的。此句是形容專橫不講道理是行不通的。

◎「冬瓜好看無好食。」冬瓜外表長得雖好看，但是瓜肉煮起來卻不好吃。此語比喻外表形式美，但實質內容醜，品質不佳，有名無實。與「中看不中用」意思同。

◎「好食好睏好放屎。」「好食」形容一個人食慾佳。「好睏」指睡眠良好，「好放屎」是說腸胃健康，消化良好，大便正常。一個人食慾佳，睡眠良好，腸胃健康，消化良好，大便正常。比喻生活稱心如意，無憂無慮，「好食好睏好放屎」。

◎「好酒沈甕底。」是說品質較好的事物常是後來才出現的，勸人不要爭先恐後，因為「好酒沈甕底」。

◎「放屁安狗心。」用放屁來安慰狗兒的心。諷刺一個人祇用嘴巴說些無用的空話來安慰他人，對他人根本沒有受到一丁點實際的恩惠，簡直是「放屁安狗心。」而已。

◎「放屎無拭骹川」「無拭」即沒有擦拭。「骹川」即屁股。大便之後沒有擦拭屁股。形容一個人做事很糊塗，該做的沒做好，就像「放屎無拭骹川」一樣。

◎「大人趴起，囡仔佔椅。」「大人」指成人。「趴起」
即從坐椅站起來。「囡仔」指小孩子。意思是大人剛從
坐椅站起來，小孩子就趕緊佔住坐上椅子。比喻小孩子
失教養，不懂禮貌與分寸。

◎「大石也著石仔拱，大人也著囡仔扶。」「石仔」指小
石子。「拱」指環繞保護之意。「囡仔」指小孩子。
「扶」指攙扶。大石頭也需要小石子的環繞保護。而大
人也需要小孩子的攙扶。整句是暗示：要當領袖的人也
需要群眾的擁護與支持。與「孤掌難鳴。」、「蟳無蟳
腳膾（ㄇㄟ）行。」同樣意思。

◎「大日曝死虎。」「大日」指夏天的烈日（艷陽）。夏
天的烈日陽光很強，連兇猛的老虎都會被晒死。此句常
用來勸人中午在家應稍作休息，等太陽稍弱時再到山上
去工作的意思。

◎「大狗攀牆，小狗看樣。」大狗攀爬圍牆的動作讓小狗
看了也學樣照作。是說上行下效，榜樣示範很重要。與
「大姐做鞋，二姐照樣。」是相似詞。

◎「大若鱟，小若豆。」「若」即像、似也。由一個人做
出來的兩個一樣材質的東西，大的就像是鱟一般大，而
小的就像豆子一般小，大小差距很大。這句常用在批評
某人做事漫不經心，「大若鱟，小若豆。」不合乎標準
之要求。

◎「乾家有話，媳婦無嘴。」「乾家」指婆婆。自古以
來，婆媳之間相處最難，所以姑娘在出嫁之前，父母都

會教導女兒說：「乾家有話，媳婦無嘴。」意思是說婆婆開口示意任何事情，說什麼話，做媳婦的要能用心領會體察照著意思去做就對了，千萬不可以口出言語頂撞或忤逆。

◎「願擔一石米，怀擔領 一個囡仔痞。」「囡仔痞」是指小孩兒。此句是說寧願肩挑一石米重擔，也不願意去看管照顧一個幼兒。比喻看管照顧幼兒是件很煩瑣與辛苦的差事。因為幼兒不是哭就是笑，一會兒尿，一會兒尿，確實是很辛苦的事，不像肩挑一擔一石米重的工作簡單輕鬆。

◎「頂司管下司，鋤頭管畚箕。」「頂司」即卜司、上級長官。「下司」即屬下。是說一級管理一級乃自然之常理就像鋤頭管畚箕一樣。

◎「惡馬惡人騎。」「惡馬」指慓悍的馬。「惡人」指慓悍的馴馬者。原意是說慓悍的馬，會被慓悍的馴馬者所馴服。也比喻惡人自然有更惡之人予以制服。與一物剋一物相同意思。

◎「兒孫自有兒孫福，莫為兒孫做馬牛。」是說兒孫的未來前途如何？決定的因素是在他們自己，做父母長輩的不必為他們做馬做牛過分的操勞。同時也用在勉勵兒孫們要自力更生自闢前程的意思。

◎「好頭不如好尾。」「好頭」即好的開始。「好尾」即好的結尾。是說做人處事貴在有始有終，不可「虎頭老鼠尾。」或「有頭沒尾。」

◎「趕人生，趕人死，趕人食無天理。」「趕」即催促。
其實人的出生是必須經其為母者懷胎長達十個月，到了
瓜熟蒂落自然就生產下來。人的壽命也有一定的長短，
不該死的時候，就是想早死，閻羅王也不准他死，總會
被救再活過來；但是假如是壽命該終，既使還不想死，
閻羅王掌管生死簿，該死的時辰一到，閻羅王就會派遣
黑白無常硬來抓去，絕對沒救。至於「趕人食」，俗
語說：「吃飯皇帝大。」所以「趕人生，趕人死，趕人
食。」這三件事都是違反天理的事情，一般正常的人是
不會去做的，但是作惡多端的歹徒就不能保證了。

◎「好好鱟刓甲屎若漏。」「刓甲」即殺的。是說好好的
一隻鱟，被宰殺的屎漏流不停一團糟。此句形容原來一
件好事被辦得糟透了的意思。

◎「尪仔某，呷麋配菜脯。」「尪」是丈夫。「某」是妻
子。是形容夫妻彼此和睦，相依為命，就是吃稀飯配蘿
蔔乾也心甘情願。這句俗語充分表現出以前古早時候金
門農業社會的夫妻恩愛的民情寫照。

◎「陰沈狗，咬人繪（ㄇㄟ）哮。」「陰沈狗」指陰險凶
惡的狗會咬人，而且是不會出叫聲的。另有一句是「會
吠的狗是不會咬人的。」這句的原意表面上是說兇狗的
特點，實則是比喻揭露了惡人的陰險毒辣。

◎「仙人打鼓有時錯，腳步踏差誰人無。」神仙打鼓有時
候都會打錯拍子或節奏，我們一般平常人更不用說，自
然難免腳步也有走錯路的時候，誰敢說自己一生永遠沒

有做過錯事？祇是人要「知錯能改」才能善莫大焉。

◎ 「大厝起一半，師傅伓通換。」古時候以前蓋房子，不像現在有工程設計師事先的藍圖規劃，全要頻賴起厝師傅一手策劃，所以在已經建築中的大厝，絕對不能中途換師傅，否則將會失去原來想要的原貌與原意。所以說起厝師傅是不可以得罪的，而應以好禮相待。此語也可引用來比喻現今的各種行政首長之任用期限之弊端，或隨一朝官主一朝臣之任免用人，常常會造成「人在政舉，人去政息」之缺憾。

◎ 「東閃無半滴，西閃走繪（ㄇㄟˋ）離。」是說假如閃電是在天空的東邊是不會下雨的，假如閃電是出現在天空的西邊的話，恐怕就要下起大雨了，提醒人們得趕快回家或得儘速找個地方避雨，否則躲不及的話就會被雨淋濕了。

　　地區早期流傳的俗語實際還很多，有的俗語具有很濃郁的代表地區自然景觀的如「紅宮黑祖厝。」、「官澳宮，青與祖厝。」、「金門城宮，瓊林祖厝。」、「東沙豬，歐厝驢。」……等，當然還有很多與節氣、民情風俗有關的俗語，尤其是日常生活中伴隨我長大的、能想到的俗語實際還很多，由於篇幅之限，僅以腦海中偶然浮現出的一部分俗語先呈現，希望熱愛家鄉的朋友們！也請趕緊將您所知道的俗語撰寫出來，讓先民祖先們的智慧結晶、方言文化在你、我、他共同的努力之下得以延續保存且能永續代代相傳。

（註：本文原載於2004年2月8日金門日報副刊）

二、隔壁噴熄燈火

「阿明！阿明！你這夭壽仔！天一下光就沒看到人。」「阿平！阿平！你是縮到哪去了？」「阿碧！阿碧！也叫沒應。」「阿芬！阿玉！妳們這些死祖鬼仔，一個一個攏是臭耳人鬼，妳們嘛來一個人，通互我差甲一下，真正伓八看過妳們這些猴死囝仔，才通儌倖會互我安呢「氣身滷命」，真正是「爪教示」，平時日天天去學堂讀書，難得今天一個禮拜日留在厝裡，也無通甲我到相拱，若要哮姑(食東西)時，一堆檢（ㄎ一ㄣˊ）烏烏，親像「鬼仔搶孤魂」同款，正經愛他們到腳手，竟然看繪（ㄇㄟ）著半個人影，一個一個躲得遠遠的，叫半天也不見半個人影出現，真正是「飼歸條(舍)的豬，無一隻會刣耶。」飼這鬼仔團真是白了工，「會食袂相咬」，萬項代誌攏著靠我這雙手，天公祖啊！我是怨嘆無處講喔！「差豬差狗伓值自己走」，「清麋伓食祖媚耶」，什麼時候才免欠這些人的死人債？」

星期天一大早就聽到鄰居素有『放送頭』雅號之稱的阿宗嬸大吼大叫個不停，因使喚不到孩子來幫她做事，自怨自艾、自言自語的很自然的脫口而出一連串像放連珠砲似的又不用打草稿的好幾句俗語來，讓我這位旁人聽了之後，一方面為她的終年為家庭生活負擔辛苦操勞感到憐憫同情與不捨，另一方面我還真的

是服了她，因為阿宗嬸從未進過學堂，十八歲就嫁給親堂阿宗叔
為妻，這十幾年來，常常看到的她幾乎是挺著大肚子的時候多，
因為她幾乎是每隔兩年就多一個孩子出世，真是增產報國不落人
後，特別會做人，每天她都很安份而且很賣力的與夫婿日出而
作，日落而息，上山下田，牽牛牽羊、飼豬、飼兔、飼雞鴨外，
還得煮食打十櫸，洗衫褲攔兼腰団，蒸粿包粽樣樣通，真的能幹
又攔十足的比別人還骨力打拚，可以說是十八般粗細武藝樣樣精
通，這天是星期日，孩子們沒上學，又一個一個不知都躲到哪
去？一個也沒叫到來幫忙，因做不完的家事操煩的令她難免要發
點牢騷。

　　「死鬼老爺啊！你是吃太過（ㄒㄧㄡ）飽是不是？你怀通
攔再「三瀉連回」、「瀉世瀉症」啦！也不想想自己那款「狗聲
乞食喉」、「牛聲馬喉」，像似「鬼佮馬號」的聲調，真是怀驚
見笑，唱什麼死人哭調阿牽亡魂歌？厝內的工作一點仔代誌攏無
卜插手幫忙，真正是有你這款豬哥老爸，才會傳出這款的佁豬仔
種，一天到晚「手不動三寶」，「卜食怀陳動」，像我嫁給你這
款尪婿，真是「祖宗衰三代，青暝眼，怀知頭。」

　　阿宗嬸那高八度又刺耳的嗓音罵聲，終於打斷了阿宗叔實在
是五音不全但是自得其樂愛高歌的雅興了，惱羞成怒的他就大聲
回道：「妳娘的，俗語說：『好稻出好米，好母生好団』，妳罵
恁爸是豬哥，那妳不就是豬母嗎？著算佁種攏我種的，我傳的，
不過也是從妳這隻豬母的八肚內懷胎才生出來的，難道說妳做老
豬母耶，一點兒責任都攏無嗎？全然都是我的種不對嗎？妳若攔
再碎碎唸、吠袂煞，當心恁爸請妳吃一頓啊粗飽。」說罷捲起袖

子露出拳頭母，順勢站起來將原來坐的椅子狠狠的用力一甩，擺起一副要揍人的姿態來。

「敢死，你敢打我嗎？怀成烏龜假使派，夭壽填海散魂頭，嫁你幾十年來，我拖山磨海，那一項不是對死做倒來，就是跋落去爬起來，手粘一把沙，一枝草仔枝，我也是拾返來咱厝，敢講你這沒路用的尫婿給我好食好睏嗎？我就算是一隻壞豬母，也替你生一大堆囝，還敢講要打我，當初也是明媒正娶用八人抬的大紅花轎扛入門的，想當年媒人婆還曾答應我爹娘說：嫁過來之後，不用上山下海，只要腰囝（照顧孩子）兼做厝內家事就可以了，可是如今……」

阿宗嬸想到自己命苦如此，愈發傷心地又哭又嚷，不甘心地將手上一支掃帚擲向阿宗叔，幸好未擊中，此時此刻簡直是一場戰爭就要爆發開來，隔壁海叔公見阿宗叔與阿宗嬸吵得如此人聲而且互甩東西，幾乎要打將起來，說時遲那時快，趕緊跑來勸架，「喂！喂！今天是禮拜日，你倆個是吃錯藥了嗎？變什麼蚊了（幹什麼）？一大早上就聽見你們兩個『鬼呻馬哮』，大人大種啦，『好話也一句，怀話也一句』，彩繡仔（宗嬸名子）！不是我愛說妳，妳人不壞，厝內雜碎工作慢慢做，怀通使性地（性子），『話較多過狗毛』，對自己的囝兒尫婿，講話沒必要如此『三尖六角』，要知道角角是會傷人的，妳就是儘壞壞在妳那支嘴，明明就是『刀仔嘴、豆腐心。』人講『心壞無人知，嘴壞尚厲害。』阿宗伊講了沒錯，好歹那些孩子攏是妳辛苦十月懷胎所生，何必把他們罵得如此比豬狗還不如、攔怀值半尖錢呢？結婚也十幾年了，尫俗某根本是『袂了袂斷』，攔提以前的代誌有什

麼路用？我看啊，著認命啦！」海叔公接著轉向阿宗叔說：「人講君子動口不動手，阿宗啊！你是愈吃愈倒退，抑或是變成老番癲？人講『驚某大丈夫，拍某豬狗牛。』，你是知影嘸？『哆與舌也會相礙』，尪某鬥嘴鼓是難免會的；你千萬不可以『起腳動手』，一人減說一句袂死啦！煞煞去，怀好擱再冤家啦。」

　　海嬸婆見自己丈夫多管閒事，也急忙趕來湊一腳道：「老耶！你要『小心無辭本。』人家尪某代誌那需要你雞婆來做公親？他們又不是沒吵過架，真正是『人佇食米粉，你佇逗喊燒』，管太多了吧，人講：『尪婆尪婆，床頭打床尾和』，他倆夫婦平時待人就是一貫的強詞奪理，『橫柴櫸入灶。』，擱再講：『相罵無好話，相打無好腳手。』怀免你『三日無作賊，四日就想卜做老大。』咱給自己管好就好，怀免去『隔壁噴熄燈火』。唉！人要懂得看破一點，凡事看開一點，怀通『氣死驗無傷。』真是『好囝好ㄊㄧˋ迌，俖囝不如無。』」海嬸婆一面勸架，一面暗自慶幸自己僅生一個兒子，少了許多煩惱。「老太婆，妳怎可這樣說呢？雖然囝倄是『加人加業，少人澀疊。』人家目前孩子多又還小，正是『跋落囝兒坑』比較艱苦的時候，但是『加人加福氣，加水加豆腐，加囝加媳婦』，無親像咱獨生一粒，伊要風就風，愛雨就雨，伊講向東咱不敢向西，食東西又擱挑三撿四的，有夠難伺候，真是『孤雞怀食米』，這年頭『寵囝不孝，寵豬舉灶。』說不定到時候，咱『孤囝袂掠龍』，反比不上人家『儕囝怀認窮。』」

　　海嬸婆見老公怎麼胳臂竟是向外彎，竟說些長他人志氣滅自己威風不利自家的話來，趕緊想把話題來岔開，就說：「老耶！

我是『好心互雷撞』，我是驚你去『作公親反讓人家掠起來因』著衰死喔！我可不想和你鬥嘴鼓，對啦！前天也好姑婆來咱厝說隔壁村有位陳姓姑娘今年已二十二歲，人品不錯，今天一直追問有關咱囝的生肖八字，有意想要介紹給咱兒子認識，你可熟識那位女孩她家父母親？」

海嬸婆這招果然比正光金絲膏來得有效，馬上把海叔公的話題就岔開了，海叔公回答說：「她的老爸是有讀過書的，人忠厚又明理，他種的芋頭可不比烈嶼的芋頭差，伊也是常自誇說伊種的芋頭怀免嚼（ㄅㄨㄛ）。她的老母很賢慧，待人很和氣，說話輕聲細說。這位陳姓姑娘我見過，她長得是臉圓鼻尖，肉白椪皮，頭毛黑金，下國飽滿耳垂厚。」海叔公把陳姓姑娘說得眉飛色舞，忽然更靠近老婆耳邊，同時聲音變小繼續說：「她不但是個『大面好抹粉』的人，還是個『大奶蔭囝孫』的人，尤其是一個骹川圓滾滾，大骹川不但是好穿裙，又攔是會佼生囝，要是姻緣牽得成，媳婦娶得成，恐怕會讓妳抱孫抱得手扭著，我想妳一定會中意這種媳婦啦，哈！哈！哈！」，「夭壽老耶，不輸鬼！你嘛要正經一點，聽你講得滿嘴白沫涎孔孔倒，可不要『放屁安狗心』，咱的孝生好偌是一個大學生，而且又攔吃公家頭路，每月薪水有固定，要是她能「嫁著咱囝讀冊怃，有無床頭床尾有書香」，哎喲！咱兩個不要在這裡乞食給自己落日，人講『會生得囝身，袂生得囝心。』也不是咱要娶某，咱看得上眼會合意的，咱孝生無一定會意愛著，八字都還沒半撇呢？煩惱蔗儕有甚路用？『兒孫自有兒孫福，不必太為子孫做馬牛。』」聽到這裡，眼見海叔公與海嬸婆兩老已經雙雙進入他們家裡去了。

　　沒想到今天星期日沒有公事一身輕，又無任何活動，不必出門上班去，在家想好好享個清閒的星期天早晨，卻不經意的看到鄰居這段有趣的阿宗夫妻吵架及鄰居海叔公伉儷的勸架對話及目睹這一幕老夫老妻打情罵俏的事實景象，讓我一時間真的是被震撼住了，因為從以上兩對夫婦吵架與勸架的對話中，我發現他們從小到大，都未曾正式進過學堂讀過半天書，而這些親堂長輩們，卻能夠運用先民先賢的智慧經驗文化結晶，自然而然的脫口而出，使用自如出在那麼多句祖先遺留下的俗語本領，確實讓我五體投地佩服，他們的用詞遣字是那樣的自然詼諧風趣與恰到好處，簡練而富人生處事的經驗，而且句句都深含哲理；從事教育工作的我真的自嘆不如，更深深覺得這些先民的智慧結晶俗語在教育上，實具有著潛移默化的教化功能，值得大家共同努力來保存來流傳，因此特別記下這些語出驚人的精采對話以分享讀者。

　　最後也讓我來做一下『隔壁噴熄燈火』的人，也來一下『無話講枷栳。』吧！雖然我是做晚輩的，在此我要奉勸阿宗叔佮宗嬸幾句話：你倆教示囝兒的方式應該是：『也著麋，也著箠。』示大人做爸母耶，伓通攔再粗嘴野科啦！這樣口出髒話是會帶給孩子不良的錯誤示範。阿宗叔！像你能夠娶到宗嬸（彩繡仔）這款勤儉骨力的好某，是你的祖宗有保佑，像宗嬸這款的好某，實在是『較贏過三個天公祖』，不可再嫌人壞啦！阿宗嬸！妳也不要攔再怨天怨地啦，尪某逗陣是前生世相欠債，俗語不是有人講：『無冤無債，不成父子，無冤無仇，不成夫妻。』嗎？你倆這輩子已經「袂了袂斷」，大家互相退讓一下，互相吞忍一下就沒事了，伓通氣壞自己的身命。也藉此奉勸阿明、阿平、阿碧、

阿芬、阿玉諸位賢宗弟宗妹們！我不是要說教於你們，但是一個懂事的好小孩必須是能體貼父母，處處為父母著想才對，除了在學校要把書唸好之外，放學以後回到家裡，儘量要協助做點家事，幫父母親分憂解勞才好，你們的母親真的是工作很多，你們不能只想貪玩，一點家事也不幫是不對的，要知道『眾人抬山會陳動』，你們在學校都需要參與整潔活動，所以掃地、拖地、洗碗、牽牛牽羊、飼兔、養雞、養鴨……等比較輕鬆的工作，兄弟姐妹可以學著分工，儘量替父母分憂解勞，讓爸媽可以稍事休息，這樣爸媽就不會因生氣而吵架了，希望你們能懂事、聽話、乖。」最後更要祝福海叔公和海嬸婆，能早日娶到一房好媳婦。

註：本文原載於2004年4月13日（金門日報副刊）

三、十嘴九頭貓

　　前天下午，婦女防火宣導隊姐妹相邀，集合在金城鎮消防分隊部，委請烈嶼鄉的一家裁縫師來為大家量身材尺寸，預定每位婦女防火宣導隊員各訂做一套制服，以便爾後有活動時穿著整齊好代表團隊精神，大家許久未見面，顯得格外親切的彼此寒暄起來。

　　記得那天傍晚有點涼，天空還飄著細雨，來自金沙的蔡仙配穿得比較單薄，就聽到姐妹群中有人就批評她說：「蔡仙配！妳真是『愛嬌毋驚流鼻水』，穿得這麼少，不冷嗎？」

　　「人家仙配身體好，不怕冷是有她的本錢在，不然的話，『無彼號骹川，那敢食彼號瀉藥。』妳們說對不對？」吳翠梧同是金沙分隊的隊員，忙替蔡仙配來解危。

　　「嬸婆！您也來量啊！」當我見到莊招治老師時趕緊向她問候，（註：因從娘家斗門論輩份，我先祖父是世字輩，應該尊稱其夫陳世宙老師是叔祖父，所以稱莊招治老師為嬸婆是正確的。）

　　「你們看看！我這位祖孫仔（宗姪女）真是『目睭看懸無看低』『看人大小眼。』，喂！祖孫仔校長，恁阿姑佇在這裡好久了，你是有看到沒？」陳秀月姑姑穿得一身黑色緞布的褲子套

裝，見我沒先與她打招呼，立即給我來頓排頭與顏色瞧，另一旁站的卻是滿身通紅的陳秀珠姑姑，我自知沒先向她們打招呼，畢竟自己失禮數是理虧，趕緊鞠躬哈腰的說：「對不起兩位姑姑，不是我目睭眍假大朵，也不是『目睭看懸無看低』、『看人大小眼』，實在是因為兩位姑姑，妳倆今天的穿著打扮，一黑一紅的搭配，是如此的出色，把人都看得被迷呆了，一時之間尚未還魂過來，失禮啦！二位姑姑確實是『紅婿烏大扮』，一切的風彩攏被妳倆搶光了。」兩位姑姑被我灌了迷湯之後總算開心的笑了。

　　「各位好姐妹！『萬項代誌起頭難』，今天咱決定每位隊員姐妹，一人做一套制服，以便今後有活動或集會時好統一穿著，比較能代表一個團隊的精神。當然要特別感恩我們那些被聘請到的婦宣隊顧問們的慷慨捐款，我們才有經費來做制服，為趕著要來得及六月六日金門縣消防局婦女防火宣導隊成立五週年年慶穿著，也怕眾姐妹們『十嘴九頭貓』意見相左不易做決定，我與執行秘書秀月姊只好先行挑選，相信我們決定搭配的布料與顏色，做起來應該會蠻好看的。」大隊長楊秀珠老師見姐妹們大部分都已陸續到來，趕忙對大家宣布。大家聽完楊大隊長的宣布後，迫不及待地爭相去看布樣。

　　「喂！是這一塊嗎？我怎麼看也不像是桃紅色的，還說有金絲線鑲紋花……」許玲惠話還沒說完即被『嘴尖舌利』的秀月姑打斷「妳是沒戴老花眼鏡嗎？還是有色盲？明明就是桃紅色的底加上金絲線鑲花紋的，還說看不出是桃紅色的，真是遇到你這位『目睭花花，瓠仔看做菜瓜』的人。」同時也催著大娘姑玲惠快去量身子，「再不快去量，妳可要『慢牛飲濁水』、『腳手慢鈍

食無份』囉！放心啦！憑恁細姾仔我的眼光決定的，不會差到那裡去啦！」。

「拜託！秀月姊，妳今天是怎麼啦！是不是『食怀著藥仔？』，『好話嘛一句，壞話嘛一句』，有需要講話如此這樣『三鋤頭二糞箕』、『三尖六角』嗎？妳不是常常講：『良言一句三冬暖，惡言傷人六月寒』，呣通『講話精霸霸，放屎糊蚊罩』、『講話精，放屎糊眠床框』。」靜默一旁許久的吳曼萍『路見不平，氣死閒人。』也忍不住嗆聲起來幫許玲惠修理陳秀月姑姑。

「是啊，未免太自大一點美（臭美）了，人講『賣茶的講茶香，賣花的講花紅。』真是『老王賣瓜，自賣自誇』太言个慚，一點也不臉紅，太臭屁了。」許玲惠見有人替她撐腰打抱不平，更壯起膽來，不甘示弱的對弟婦陳秀月反唇相譏，接著又說：『要序細有孝敬，也著序大做得起。』因玲惠是我初中同屆同學，而秀月姑是她的親弟媳，見其一向就理直氣壯，得理不饒人的作風，做大娘姑的也藉機替我修理她。

一旁的黃明芳與許怡珊姨甥倆見這群姊妹們『你一句來，我一句去』的俗語大車拼、鬥嘴鼓，好像『鴨仔聽雷』似的一臉困惑相，又猶如『丈二金剛摸不著頭』的模樣兒狀極其可愛。

隊長楊秀珠不知何時訂做的一套白色褲子，紅白相間細條紋的上衣，正因稍寬不合身要裁縫師再為之修改，忽然不知是哪根筋錯亂掉，或是佛祖暗中指示她開口：「校長，妳去試穿看看，說不定我嫌寬的部分妳胸襟廣闊本錢比我夠來穿可能會剛好。」在眾姐妹的鼓勵下，反正試穿又不用付錢，何樂而不為呢？，我

馬上找個隱密的地方，換穿好秀珠的新衣後走出來在眾姐妹面前亮相。「哇！哪會安呢生？這套衣服簡直是專為校長量身訂做的嘛！真是『剌鞋合著腳。』」眾姐妹對我品頭論足後不約而同、齊聲讚美道：「有夠合身！」，我也頗覺意外，真的比自己去量身訂做的還合身，就央求秀珠隊長將這套衣服轉讓我買下，不用再花功夫勞駕裁縫師去修改了，但隊長堅持說區區一套衣服她還送得起，更難得合我身又合我意，而我卻認為雖然是好同事又兼好姐妹，但是『買賣算分，相請無論』，我怎能平白無故接受如此厚禮？後來還是不敢辜負她的一番盛情美意，只好『枵鬼假細膩』的道謝並接納下來，心想只有等待以後，再適機設法『投桃報李』還以人情了。

　　我乘大家在輪流量身的空檔，忙向博學多能的秀月姑請益挖寶，請她多說一些俗語來讓我學習，秀月姑見我如此好學，況且『姑疼姪全字姓』，不忍推辭地說：「好啦！阿姑就說幾句來互妳聞香，妳可要斟酌聽好喔！『查某唔認醜，查甫唔認憨。』是形容男女不知認份的人。『枵饞失頓』、『無通生食，那有通曝干？』形容窮苦人家三餐不繼，那有剩餘的意思。『全君睏破三領蓆，掠君心腹袂得著。』勸善世人『看人食肉，唔通看人破柴。』免遭池魚之殃。」

　　「拜託，稍停一下，待我拿紙筆記下來。」秀月姑一經打開話匣子即口若懸河、滔滔不絕的說不停，一時讓我聽寫來不及的趕緊央求她。秀月姑接著說：「有一款人是『在職怨職，無職思職。』完全是『坐的唔知企的艱苦。』也有一款人是『將某飼甲肥律律，不過飼父母飼到剩一枝骨。』唉！真是『飼雞無論糠，

飼囝無論飯，飼父母算頓。』真失德僥倖哦！也有一款人是『賣某做大舅，生子叫阿舅。』還有一句『細膩貓踏破瓦，細膩查某腹肚大。』，『狗母無搖獅，狗公怀敢來。』，『忠厚，擔屎無偷飲。』『大人趴起，囝仔佔椅。』『大姑有嘴，媳婦無話。』『大月新娘無看見灶。』『頂司管下司，鋤頭管糞箕。』『豆腐肩，鴨母蹄。』『嚴官府出厚賊。』『閹雞趁鳳飛。』『一樣米飼百樣人。』『一樣生百樣死。』『一代無好某，三代無好囝。』『臭腳尻，畏人揾。』『有人好燒酒，有人好豆腐。』『鴨母嘴罔撈。』『先生緣，主人福。』『做一次媒人，較贏食三年的清菜。』『……』。』不等秀月姑繼續講完，一旁的許玲惠不甘寂寞地插嘴加進來：「夭壽骨！妳是有完沒完？『人講一個影，妳生一個囝。』要講俗語話嗎？要講大家就來講，誰怕誰？烏龜怕鐵鎚。『江湖一點訣，講破唔值錢。』就讓我來一下『無牛駛馬』，『無魚蝦嘛好。』吧！親像阿珊如今自己也為人母了，每次回娘家看望父母，攏是像閃電一般，可以說是『欲來無躊躇，欲去無相辭』。害阿鸞做老媽的想要留她吃一頓飯都沒辦法留住，真是『欲哮無目屎，欲哭無路來。』反正女兒已嫁出為人媳、為人婦、為人母，『生米煮成飯，即反來講唔。』敢說可以嗎？已經來不及啦！唉！要了然喔！女兒嫁出去別人的（ㄟˇ），『親囝親兒唔值身邊二百錢。』又說：『無娶某，替替銀；無飼豬，替替潘。』『未娶某，唔通笑人某嬈；未生子，唔通笑人子不肖。』，『食沒老，死沒臭。』，『七仔笑八仔。』『一個半斤，一個八兩』，也不用欽羨別人『加水加豆腐，加子加媳婦，到後來只剩一個老寡婦。』

　　「哇！玲惠！妳說的這些俗語還有押韻的，不簡單哦！可真是『黑矸仔裝豆油，沒處看。』我還真是佩服她，原來她的俗語都是跟著她老阿嬤學得的。

　　一旁沈默已久的嬸婆莊招治也耐不住，不甘示弱的終於也擂起戰鼓開言道：「你們這些是『古井水雞，呆知天外大。』我是『古意被看做憨直。』有一款人是『未曉駛船嫌溪狹。』，唔認份的人是『無毛雞假大格。』，也有人說是『唔成烏龜假使派。』，不實在的人是『未學行先學飛。』會奸巧的人是『抹壁雙面光。』、『見人說人話，見鬼說鬼話。』，較好運氣的人可以說是『青暝貓拄著死老鼠。』『青暝雞啄到一尾蟲。』，『食欲食好，做欲輕可。』是偷機取巧的人。咱做人無論從事各行各業，『千辛萬苦，攏是為著這個腹肚。』所以凡事能自己做就儘量自己做，千萬呆通『差豬差狗呆值自己走。』否則『請人哭是無目屎。』，『氣死是驗無傷。』嬸婆兼老師身分，說起俗語也脫不了夫子教訓人的口吻，確實令人折服。又說：『講人人到，講鬼鬼到。』是比喻偶然巧合之事。『順風掾倒牆。』，『狗跟屁走，人順勢行。』是比喻看風向使舵可得事半功倍之效。『一歲生張，百歲著老。』，『甘草自來甜，黃蓮依舊苦。』是說江山易改，本性難移。『敢做敢擔當，敢食呆驚毒。』是形容一個人勇於承擔責任，敢做敢為就不怕危險的意思。『甘蔗無雙頭甜。』『甘蔗隨目咬。』是說凡事要循序漸進，不可以隨意超越。『憨佛思食雞，憨狗咬破紙。』是比喻痴心妄想，盡做傻事。『甘願做牛唔驚無犁拖。』是說只要肯勞動做事不怕沒作為。『佛祖面，羅漢腳。』是說外表看似菩薩慈悲慈祥，

行為舉止卻像羅漢無賴一般。『甘願擔菜賣蔥，呣願與人相佮尪。』是說寧願賣菜吃苦，不願與人共一夫婿，換言之，即是不貪圖富貴，只求終一倚靠。好啦！換別人來講啦！阿鸞，快來替手一下，我真的吃不消這位校長孫仔。」招治嬸婆真不是蓋的。屬阿嬤級的黃明鸞沒想到竟被點將到，但她似乎胸有成竹似的有備而來，馬上接口：『風緊來，一錢乎你買鳳梨；風緊去，一錢乎你買茨蔗（ㄗˇ）』。我可是想到講到，你們千萬不要見笑才好。『分袂平，拍到廿九暝。』做事糊塗常是說『放屎無拭骹川。』，『戇面瘋狗目。』是形容一個人傻里傻氣。『戇蚊釘神明。』『蚊仔釘牛角。』是無關痛癢。『敢死免驚無鬼通做。』是比喻敢想敢做總會有結果。『頂厝人教囝，下厝人囝乖。』是比喻鄰居教子，近鄰的孩子就會學乖。『多食無滋味，多說不值錢。』是說凡事要適可而止，不宜做得過分。『兒孫自有兒孫福，莫為兒孫做馬牛。』，『凡事要好，須問三老。』是說明事情要辦好，必須向有經驗的老前輩去請教。和『家有一老如有一寶。』意思相近。『趕人生，『趕人死，趕人食無天理。』『孤雞呣食米，孤人枵半死。』『講到你識，嘴鬚打結。『舊柴草緊著火，舊籠床好炊粿。』『龜笑鱉無尾，鱉笑龜頭短。』『人佮人做伙，好頭不如好尾。』

「媽咪！真不簡單啊！妳曾幾何時懂這麼多的俗語？怎麼都沒傳授教給我們呀！害我和弟妹們都沒學到一招半式，這些俗語話可都是老祖先遺留下來的智慧結晶。媽咪！妳知道嗎？妳的內外孫們讀小學了，現在可還要學習一些鄉土教材本土課程呢，像剛才妳們諸位阿姨、阿姑前輩們所說的，都沒能適時地傳授給

我們這一代學習，我們自然也無法再傳授給下一代學了，實在有
夠可惜的呀！將來我們的孩子還必須從別人編撰的課本上去學母
語，還要運氣好，才能遇到一位具有專精的鄉土教學老師來教，
還不一定能學得好呢。媽咪！妳實在是太不應該了。」許怡珊因
自小到大沒接受到家中現成的媽媽老師的俗語薰陶深感痛失良
機，不但深感惋惜而且還半帶埋怨的口吻，禁不住大發牢騷和嬌
嗲起來。

　　「阿珊！妳也別責怪媽咪！媽咪書讀得不多，自小身為大
姐，幫忙外公外婆照顧妳的阿姨阿舅們，還要幫妳外公做糕餅兼
顧店，我會講這些俗語話，也是從日常生活當中聽老一輩的長輩
們的對話中，耳濡目染、慢慢累積，一句一句學得的，我還以為
這些古早話沒有甚麼路用，認為讓妳們進學校讀書，都要學講國
語，又要學注音ㄅㄆㄇㄈ、又要學英語ＡＢＣＤ，我那裡知道這
些古早話會有這般重要呢？不過，倘若妳真有需要學的話，尚還
來得及，趁許多長輩們都還健在，隨時都還可以向他（她）們去
請教。阿珊：妳若能像陳校長這樣的認真，常把別人講過的俗語
都一一記下來，將來也好再傳授給妳的子子孫孫們學，就看妳有
沒有這份心。」黃明鶯不疾不徐的以四兩撥千斤的回話，不但安
撫了女兒怡珊的抱怨情緒，更藉機激勵女兒要有好學多問的精
神，真是一招高桿的母教女啊！

　　「阿鶯姐！妳『骸川幾支毛看現現。』妳也祇有在女兒面前
才神氣活現，『講甲好鑼好鼓。』，真正是『囝仔屎放袂煞。』
玲惠見黃明鶯尚未量身子，深恐要搭楊意金便車一起同返沙美會
被耽延，所以一向個性粗線條的她，一時間竟口不擇言的打斷黃

明鶯的話，催她趕快去量尺寸。

「陳校長，妳的孩子都結婚了沒？妳好德行，生了三個女兒，總算讓妳如願生個寶貝兒子，雖然女兒將來也許更孝順，但是人講：『食魚食肉，也著菜相甲。』擱再講『龍一尾贏過土蚓一糞箕。』橫直『龍生龍、鳳生鳳，老鼠生囝會拍洞。』妳那個帥哥兒子遠騰，現在應該大學畢業了吧！當完兵沒？在那就職？」金沙分隊的黃秀英，她前面也與我一樣連生三個女兒才生一個兒子，但是她為了想繼續生多一個兒子，中間又多兩個女兒才如願又生下一個兒子，基於與我同病相憐的份，她才特別關心到我兒子來。

「喂！大家都量好身子尺寸了沒？不要再『練仙拍嘴鼓』了，已經日頭暗了，大家若是都量好尺寸了，可以請回家去煮飯了，我們可沒預算請大家吃晚飯，別再『十嘴九頭貓、鬥嘴鼓了。』」楊秀珠大隊長大聲提醒大家。

「好啦！好啦！『講長講短，無講食袂煞尾。』明天還需上班，今天大家會『練仙拍嘴鼓』，『話較儕過狗毛仔蟲。』攏是因為我這壞娶頭之拜託而引起，所以我只好用跟「食」有關的俗語來收尾，『食到老學到老。』，『會食才會大，會哭才會活。』，『會曉偷食，袂曉拭嘴。』，『嘴食互骹川坐額。』，『食甜則會生孝生。』『食緊損破碗。』，『活泉食袂乾，死泉食會了。』『食金光豆，活到老老老。』還有『食……』正當我絞盡腦汁已快面臨江郎才盡之際，玲惠忙接口：『食乎飽飽等放假，穿乎婿婿等領薪水。食乎肥肥，激乎鎚鎚……』。「玲惠！妳要差不多一點，妳罵人還真不帶髒字，妳是『面細怨人大骹

川。』吧！人家上班有正式頭路，妳怎可一竿子打翻一船人呢？怎可說人家『食乎飽飽等放假，穿乎媌媌等領薪水。』？要是有這麼好康的話，妳怎麼不也去『食乎肥肥，激乎鎚鎚呢』？唔通看人『阿公吃餅免涎。』啦！自己『吃鹹瓜（ㄍㄨㄟˇ）著愛札身分。』妳勸人說：『好鞋唔踏臭狗屎。』妳『好頭不如好尾。』，『好空，一空掠幾十尾。』，『好來不如好去。』，『唔通好話唔出門，歹話脹肚腸。』本來大家作伙講俗語話是件好代誌，尾來妳胡亂多言，就是『好話三遍，連狗也嫌。』」，唔通『好好鱟互妳刣甲屎若流。』秀月姑的老公好歹也是吃公家頭路的一份子，聽玲惠剛才一番諷刺實在礙了她的耳，同時先前曾被該大娘姑修理過，正好伺機功夫在手，不論早晚燒燒還一頓乎她，秀月姑確實是『嘴唇一粒珠』，『講話嘴尖舌利唔認輸。』，到此時我才明白『術業有專攻，聞道有先後』、『行行出狀元，類類有懸低』。的道理在。

　　想不到一場婦女防火宣導隊員訂做制服的量身集會，竟會因眾姐妹的『十嘴九頭貓。』，加上『七嘴八舌。』的『練仙拍嘴鼓。』，『妳一句來，我一句去。』的唇槍舌戰，竟也成就了一篇我自認為十分精彩的「咱的俗語話」，特予撰寫記下來分享給敬愛的俗語同好朋友們，但願你們會喜歡，同時並請不吝賜教。

　　　　　　　　（註：本文原載於2004年6月25日金門日報副刊）

四、想起阿嬤的教示話

「百歲世上有，而無百歲人」，最疼愛我的阿嬤，在她剛過八十四歲那年（民國七十九年）的農曆正月初四，因中風送醫，拖延廿天後至農曆廿四日終不治壽終，逝世迄今已是第十五個年頭了，對她老人家的思念却與日俱增。我自小到大，除了上學時間外，留在家裡的時間，大部分都如影隨形的黏膩在阿嬤身邊，真是寸步不離，因為母親必須母代父職，早出晚歸拖山磨海，白天都不能閒在家裡，所以我就像阿嬤的跟屁蟲。在眾堂弟妹排行中，我屬老大，也許因我生下來六個月父親就遠赴南洋不在身邊，也或許是「公嬤疼大孫，爸母疼細囝」，阿嬤真的是最疼愛我。

跟在阿嬤身邊，好處可真不少，家裡有好吃的，我就能近水樓台先得月，總是見者先有我的一份。但是我很勤快，也是阿嬤的好幫手，隨時都可任由使喚差遣，舉凡家中的洗曬衣服、掃地倒垃圾、燒火炊飯煮豬糜、農作收成季節晒五穀、幫忙養雞餵鴨、拾雞卵，放學後到山上牽牛摘豬菜，拾安薯，耙草……等家務工作我都有做過的經驗，這些成為以後當家庭主婦必備的常識及技能，就因從小受到阿嬤的調教，有機會從做中學，讓我後來為人妻為人母，在處理繁瑣家務事都能得心應手，一點也難不倒

我，且能揮灑運用自如，又習慣成自然不覺辛苦，真得感恩阿嬤的磨鍊，並將其累積一身的看家本領和十八般武藝傾囊傳授予我，造就了我多元通識的智慧與處事應變的能力。

更可貴的是阿嬤與長輩們脫口而出的俗語對話，在小時候聽起來猶如鴨仔聽雷半知半解，但是現在細細回憶起來，才覺得句句深富人生哲理。阿嬤之所以會講出這麼多美而短，通俗易懂的俗語，也是得自她小時候從大人長輩口中在日常生活說出來的對話，而她用心記取，一點一滴，一字一句的慢慢積存起來，加上幾十年的實際生活，從待人處事應對運用的經驗之成果。

阿嬤她沒有受過正規的學堂教育，但是她很有智慧，見識也很廣，她懂得開源節流，勤儉持家，因為阿公的英年早逝，遺留下未成年待培育的父親、叔叔、姑媽三位子女，都是阿嬤含莘茹苦拉拔長大成人的。阿嬤常會替人排解糾紛，在鄰里中很受到尊重；她也很有威嚴，尤其是二、三嬸婆這兩位妯娌更是把阿嬤這位長嫂當成婆婆一樣的尊敬，凡是經由大嫂決定的事就算數。母親與嬸母對待阿嬤這位婆婆更是百般孝順不敢有半點違逆，我們這群孫子輩也是乖孩子，衹要阿嬤一個眼神，我們就知道要安份不敢亂造次，鄰里的嬸叔們，凡遇有大小疑難也都要來請教阿嬤而後終得到化解，所以村中長輩們都分別以輩份高低尊稱阿嬤為「協嫂仔」或「協姆仔」。（註：我阿公名諱世協）

阿嬤因此就常用一些俗語話來隨機教示我們這群囝兒媳婦及孫子們。阿嬤一定不知道，她的這一套俗語對話，其實是一套引導子孫樹立正確人生觀，培養良好品德的生活好教材。她用「努力打拼才會贏。」、「不可死坐活食怀賺錢。」來鼓勵努力奮鬥

的重要性。用「食甜時愛記著鹹。」來提醒一個人在順境時，不要忘了處在逆境困難的時候，要奮發向上，不可「吃飽袂記餓時代。」用「平平路會跋死人。」來教導我們做任何事情都要小心謹慎，切勿粗心大意。用「儉穿得新、儉食得剩。」來勸導生活要勤儉節約。用「一人主張，不如兩人思量。」來教人不可獨斷獨行，剛愎自用。

用「住厝著好厝邊，作田著好田邊。」來說明道德品行的修養之重要。用「戲棚腳，豎久是人的。」來勉勵一個人要成就事業，就要有百折不撓的毅力和勇氣。用「虎頭老鼠尾」來警惕做事要有始有終，不能頭仔燒燒、尾仔冷冷，有頭無尾很不好。用「食果子，拜樹頭。」來說明一個人要有知恩圖報的美德，切不可忘恩負義。用「食人一斤，也要還人四兩。」來表示人際交往要禮尚往來，不能祇是「紅腳銅要食人。」「知影入，怀識出。」。阿嬤很重體面，她常對一些女人家說：「人是妝，佛是扛。」，「三分姿娘，七分打扮。」用「食沒老、死沒臭。」「未娶某，不能笑人某嬈；未生子，不能笑人子不肖。」來訓誡我們不能隨便譏笑他人，又如「舉燈怀知腳下暗」提醒我們要能看到自身的缺點，不要「龜笑鱉無尾」、「五十步笑百步」……等種種不同的諺語，來隨機教育我們待人處事的原則，而這些諺語就是先賢遺留下最珍貴文化智慧的結晶，所以阿嬤的這些教示話可說是文化傳承的無價之寶，我也希望能代代永續傳承下去。

難得這個星期六學校沒有辦活動，特利用休閒在家，將記憶所及，以野人獻曝的心情將阿嬤曾講過的俗語一一摘敘如後，以分享同好，並請大家不吝指正。

◎「愛花連盆惜。」這一句是阿嬤勸二嬸婆疼女兒也要連女婿一起疼的用語，同道理疼愛自己的兒子也要連媳婦一起疼才對，與成語「愛屋及烏。」的意思相似。比喻因喜愛一個人也應連同喜愛和他有關係的人或事物。

◎「一男一女一枝花，五男二女受拖磨。」前一句是說一個女人家兒女生的少，兩個孩子恰恰好，做母親的才有時間保養粧飾自己，使自己永續年輕貌美宛如一枝花。後一句「五男二女受拖磨。」是說孩子生太多，為養育眾子女就要多勞碌，為生活家計重擔要多奔波，既要養育又要培育孩子，實在一生為子女的衣食溫飽、求學、求職、長大成人、婚嫁成家立業永遠煩惱不斷，含莘茹苦永不得清閒，那有餘暇去照顧粧飾自己的閒功夫呢？

◎「尪仔某，褲帶拍相結；尪仔某，食糜配菜脯；尪婆尪婆，床頭拍，床尾和。」阿嬤時常規勸鄰里夫妻吵架或是鬧憋扭時就會說：尪某應該相敬如賓，互相尊重，彼此和睦相依為命，同甘共苦，何況夫妻本是同林鳥，偶而自然會吵架，就如「嘴佮舌也會相碰。」但是很快就要和好，不可記恨，夫妻本來就無隔夜仇，所以又有「床頭拍，床尾和。」的規勸話。「百世修來同船渡，千年修來共枕眠。」老實說：人生聚合，夫妻姻緣天註定，真的是很難能可貴，實在應該彼此珍惜、尊重、關懷和包容，恩愛到老才對。

◎「跋繳三分錢，開查某無彩錢，食鴉片死了錢。」阿嬤生前常引述阿公出洋到新加坡去謀生，時逢抗日八年戰

亂，交通音訊中斷，阿公因思念家鄉父母妻小，記掛家計生活費用接濟不上，讓阿嬤獨挑重擔，終日悶悶不樂，經親友勸其以去賭博來解悶，阿公終將所有血汗積蓄輸得精光，最後因終日鬱悶失眠導致中風去逝客死他鄉，阿嬤講述這個活生生的例子時，每每還老淚橫流，顯見阿嬤與阿公夫妻鶼鰈情深。阿嬤說「跋繳三分錢」的意思是說賭博拿錢做輸贏的遊戲只有三成的勝算，跋繳錢袂做家伙，因為贏了想再贏更多，輸了又想去討回本錢，可以說十賭九輸，所以勸人要戒賭。又說：「去時面紅耳赤，返來鼻流鼻滴」形容阿公未參與賭博前神采奕奕，可惜賭輸以後回來面目全非，每次都是乘興而去、敗興而歸，好家在吾輩子孫都能聽從阿嬤的教示，目前為止，尚無人染上賭癮。「開查某無彩錢」即是嫖女人枉費錢不合算，勸君一句話：野花那比家花香？路邊的野花不要採，才不會無彩錢。「食鴉片死了錢」即是抽大煙有害身體健康更失算，整句俗語是在勸人戒賭、戒嫖、戒毒。

◎「草花也有開ㄟ時，草枝有時也會絆倒人。」這一句是阿嬤當時看到一些大官顯貴那種狗仗人勢的神氣模樣有感而說的，意思是表達：「你們這些做官的和有錢的人，不要太看不起人，窮人也有出頭的日子，不要太輕視小人物，神氣沒有落魄的久，食沒老，死沒臭，目前是「財、勢、力」三字全，有財有勢又有力，神氣不可一世，要知道，頭上三尺有神明，做人做事愛起功，不

要腳踩馬屎憑官氣，有時日光，有時月光，花無百日紅，不用大乳壓細囝，欺人太甚。

◎「點燈有份，分龜跳坎。」記得這一句是因有一次斗門村水尾宮廟會，二嬸婆因感平時每戶輪流分坎奉點宮中燈火從未優免過，但是廟會分發糕粿時却被遺漏掉，分不到口灶額，覺得自己被排除在外，實因分配不公而生氣，阿嬤趕緊用這一句「點燈有份，分龜跳坎」來安慰二嬸婆，並又說：「咱來給土地公、神明王爺點燈添油是在祈求家人大小平安順俗，咱有燒香就有保庇，等著瞧，可能是這次輪到當頭家的一時疏忽，把妳家一份跳坎了，千萬要忍一時之氣，不要說一些氣話，萬一得罪了土地公是會飼無雞的。」二嬸婆聽了勸，終於息怒。

阿嬤對天氣變化無常的俗語也懂得很多，例如：

◎「春天後母面。」是形容春天天氣易變，就像晚娘的面孔，喜怒無常、說翻臉就翻臉讓人捉摸不著，難以應付。

◎「春雨寒，冬雨靜。」是說春天若遇下雨則寒冷，而冬天若遇下雨則風就靜息。

◎「春南夏北，無水磨墨。」是說春天若刮南風，夏天吹北風都是不正常天氣，常會帶來大旱不雨，無滴水可磨墨之意。

◎「春茫曝死鬼，夏茫做大水。」，是說春天濃霧茫茫則旱情出現，大太陽會曬死人；夏天若濃霧茫茫則會下大雨。

◎「春寒雨若濺，冬寒雨四散。」是說春天寒冷雨又下不停，冬天寒冷則雨不見了有旱情。

◎ 「春暴頭，冬暴尾。」是說春天風暴起於下雨前，冬天風暴則來在下雨後。

◎ 「初一落雨初二散，初三落雨到月半。」，是說初一下雨，初二就會放晴；初三下雨則一直要下到月中才停。不知準不準？讓我們人家注意一下，不妨用心觀察來證實。

◎ 「初三四，月眉意；十五六，月當圓；廿三四，月暗暝。」即是每個月的初三初四，月形如眉。到了十五十六月亮正圓。廿三廿四月亮即不見了，形成黑暗之夜。關於這句俗話說得很巧妙，我觀察了好多次，果真很準，差距很少。

◎ 「電光西北，雨落透暝，電光西南，次日晴干。」是說雷電若閃在西北方的天空，雨將下整個夜晚甚至到次晨；假如雷電是閃在西南方，則第二天就會是個大晴天。

◎ 「電光明亂，無風雨暗。」是說雷電若亂亂閃起，則無風也有雨。

◎ 「頂初三，下十八，早潮晏退。」是說上半月的初三，下半月的十八這兩天，潮水早漲滿而且退潮慢，這句話對靠海邊維生的鄉親當很清楚。

◎ 「冬節在月頭，會寒在年兜；冬節在月中，無霜甲無雪；冬節在月尾，會寒正二月。」是說冬至日若在月初會天冷在年底，冬至日若在月中央，就會少霜雪，較不冷；若冬至日在月底，則會冷在次年的一、二月。

◎「大道公佮媽祖婆鬥法，風雨齊到。」農曆三月十五日
是大道公誕辰紀念日；三月廿三日是天上聖母媽祖婆誕
辰日，大道公佮媽祖婆不知為何結上樑子？所以大道公
佮媽祖婆就各要在彼此生日這天大鬥法各顯神威法力，
大道公要在三月廿三日這天下雨洗掉媽祖婆臉上抹的花
粉；而媽祖婆則要在三月十五日這天刮大風吹掉大道公
的頭巾及法袍，由於傳說兩位神仙各自都能呼風喚雨，
因此這二人誕辰的兩天常是風雨大作。我是小時候聽阿
嬤講的故事，請姑且聽之，信不信由你。

◎「好也一句，佮也一句。」是說講話的時候，要多說好
話，明明心裡沒存壞心，可是偏偏嘴不說好話，讓人受
不了所以俗語又說：「壞心無人知，嘴壞尚厲害。」這
些都是阿嬤教導我們待人處世要口說好話，不可口氣不
好；假使經常口出佮話就會傷了彼此間的和氣，有一句
「好言一句三冬暖，惡語傷人六月寒。」所以要謹言慎
行而且不可信口開河像雞母腳穿一樣，亂濺。

◎「好心有好報。」好心才有好報就是善有善報的意思。

◎「好田地不如好兄弟。」好田地不如好兄弟是說田地好
固然是可耕作，好種植生產及收成，但是有好之彼此
合作、團結、互助才是根基。「兄弟同心，烏土變成
金。」何況「打虎抓賊也著親兄弟。」

◎「好母生好囝，好稻出好米。」這句與「龍生龍，鳳生
鳳，老鼠生子會打洞。」「好稻出好米」與「虎父無犬
子。」「強將麾下無弱兵」意思是相同的，是說明本源

的重要性。

◎ 「好漢怀拍某，好狗怀咬雞。」是說一個男子漢大丈夫
（即好丈夫）是會疼惜老婆，而且不會動手打老婆的。
另一句「怕某大丈夫，打某豬狗牛。」同意思。；「好
狗怀咬雞。」是說好的狗是不會亂咬雞隻的，雞與狗能
和好相處，才不會讓主人難為。與上一句都是勸人要善
於齊家，和好相處，家和才能萬事興。

◎ 「好男怀食分家飯，好女怀著嫁時衣。」這一句是用來
勉勵鄰居兄弟分家時吵鬧不平用以安慰的話，阿嬤每次
都會說：「金山銀山總有被挖空的一天，重要的是要骨
頭會長肉，所以不必太計較。」

◎ 「好事怀出門，佲事傳千里。」少年家阿！你們還年
輕，做人做事要小心謹慎。別「好事怀出門，佲事傳千
里。」

「萬事開頭難，百年隨時過，萬事轉身空。」親愛的阿嬤，
您老人家生前對我們的教示話何其之多，恨只恨在您生前時，未
能好好請您口述，讓我一一把您所講的俗話諺語統統記錄下來，
真是太可惜了。「百年隨時過」現在孫女我也年近一甲子了，當
會謹記「百行孝為先」的吩咐；與人相處時也會秉持「百忍堂中
有太和」這句話，只有相互忍讓，才能與人和好相處。「萬事開
頭難。」我第一次學著寫俗語，是的確有點困難，但是有好的開
始不就是成功的一半嗎？爾後我當會更加的努力和用心，慢慢的
一點一滴，將阿嬤您生前所講過的教示話一一的回憶，再好好的
紀錄撰寫出來，以流傳給後代子孫們學習。

　　親愛的阿嬤！我真的好想念您，現在正是萬物逢春百花盛開的春天，看見天空雁兒成群結隊地飛來飛去在白雲裡，想起阿嬤您疼我的一顰一笑的慈顏，每每浮現在我腦海裡實永難忘記啊！我真想問一問天空中飛翔的雁兒們：「我的阿嬤到底是在天國的哪一方？你可有她的消息？可否幫我傳達我思念阿嬤的心意。」並幫我捎帶一份信息給我最親愛的阿嬤，告訴她：「她最疼愛的孫女一家大小都平安無恙，並且會遵從阿嬤『心好命也好，富貴直到老。』的再三叮嚀囑咐，絕不會去做為一個『百年成事不足，一日敗事有餘。』的不肖子孫，請阿嬤放心」。最後祈禱阿嬤在西方的極樂世界，能與阿公歡樂相聚，並與我的爸媽時常能團聚一起。

　　　　　　（註：本文原載於2005年4月20日金門日報副刊。）

五、淺談學諺語

（一）「諺語」是什麼？

　　禮記：「諺，俗語也」。說文解字：「諺，傳言也」。語言學家郭紹虞先生在「諺語的研究」中指出：「諺是人的實際經驗之結果，而用美的言詞以表現者，於日常生活談話可以公然使用，而規定人的行為之言語」。它具有廣泛的群眾性和口語性，簡單的說：就是人們口頭上經常使用，以最通俗有力、簡單易懂且含義深刻的話，由歷代祖先從實際生活環境中，仰觀天文氣象，俯察地坤萬物，近看人生百態，凡待人處事、氣候變化的規律、飲食起居、民情風俗、人生經驗、道德修養等所觸發感悟而流傳下來的生活短語，那就是「諺語」。

　　「諺語」是語言的精句，一句不過十來個字或者更少的諺語，常隱含著一番大道理，如要詳細的解說，往往需要一大篇的文章始可詮釋得清楚；它雖然短小却精悍，它已儼然成為先民社會生活中待人處世的行為準則，以及作為反映天候氣象、農作生產規律的經驗之指導參考寶典。「諺語」又是屬於廣義的「口頭文學」中重要的一環，雖然很古老却是生氣蓬勃，且廣泛的流傳在民間成為一種「常民文學」。時至今日，諺語仍然廣為人們所

傳誦，歷久而彌新。我們金門的諺語源於中原文化，在一千多年前就隨著先民自閩南地區傳遞到金門來，縣長李炷烽在鄭藩派老師編著「鄉諺俚語采風情」序言中曾說：「在金門一千多年的歷史中，集合眾多庶民的智慧，創作豐富而色彩濃厚的諺語，句句深含哲理，詞藻淺顯，任何人一聽，即可意會其含義，詞句容或俚或俗，有些微不典雅，但他卻是能以簡單之『一語』，譬喻複雜的人間事象，絕妙之處，令人拍案叫絕！」，所以「俗語」具有通俗、生動、形象、幽默等特點，它對人們的影響價值並不下於四書、五經。個人深深覺得「諺語」是我們金門人每一個家庭必備的傳家之寶，因此值得大家共同來學習。

（二）諺語的種類：

俚語、俗語，其實都是諺語的同名異稱，它包括歇後語、慣用語兩種；又分為「普通語」、「母語」。茲分述如下：

諺（俗）語雖然是口頭的語言，茲列舉：

1. 常見的「普通語」，用來說明待人處事道理的句子如下：
   ◎「一人做事一人當」。
   ◎「一日不見，如隔三秋」。
   ◎「一步一個腳印」。
   ◎「一動不如一靜」。
   ◎「一發不可收拾」。

◎「人不親土親，河不親水親」。

◎「人死留名，虎死留皮」。

◎「人要衣裝，佛要金裝」。

◎「人無千日好，花無百日紅」。

◎「人無遠慮，必有近憂」。

◎「三人行必有我師」。

◎「大人不記小人過」。

◎「大處著眼，小處著手」。

◎「不怕一萬，只怕萬一」。

◎「不怨天，不尤人」。

◎「公道自在人心」。

◎「心有餘而力不足」。

◎「打破沙鍋問到底」。

◎「打開天窗說亮話」。

◎「仰不愧於天，俯不怍於人」。

◎「先小人後君子」。

◎「神不知，鬼不覺」。

◎「欲速則不達」。

◎「牽一髮而動全身」。

◎「眼不見為淨」。

◎「習慣成自然」。

◎「善有善報，惡有惡報」。

◎「惡人先告狀」。

◎「路遙知馬力，日久見人心」。

◎「精誠所至，金石為開」。

2. 有些俗語是用來包含現實生活的體驗，例如常見的「普通語」句子有：

◎「一心不能二用」。

◎「一步不能登天」。

◎「一步錯，步步錯」。

◎「一波未平，一波又起」。

◎「一個巴掌打不響」。

◎「一朝被蛇咬，十年怕草繩」。

◎「人不可貌相，海水不可斗量」。

◎「人心不足蛇吞象」。

◎「人外有人，山外有山」。

◎「人為財死，鳥為食亡」。

◎「人要衣裝，佛要金裝」。

◎「人善被人欺，馬善被人騎」。

◎「三人一條心，黃土變成金」。

◎「三人行必有我師」。

◎「上一次當，學一次乖」。

◎「上梁不正下梁歪」。

◎「千人所指，無病而死」。

◎「千里之行，始於足下」。

◎「不聽老人言，吃苦在眼前」。

◎「天有不測風雲，人有旦夕禍福」。

◎ 「巧婦難為無米之炊」。

◎ 「冰凍三尺，非一日之寒」。

◎ 「羊毛出在羊身上」。

俗語的語言，有不少隱含深刻的寓意，所表達的常非表面上的意思，而是比喻或是引申的意義。例如：「一波未平，一波又起」，這一句原來是形容詩詞文章寫得波瀾疊起；現在則可用來比喻事物發展有起伏，或是一個問題還沒解決，另一個問題又出現了。

（三）什麼是「歇後語」？

至於歇後語是什麼？歇後語」是指說話時，把一段常用的語詞，故意少說一個字或半句，而構成的幽默性的話語，「歇後語」可說是我國一種特具有的民族特色語言，這些語言來自於民間的現實生活、歷史典故、神話故事、傳說⋯⋯等。

「歇後語」常用的有兩種：

一是原始意義的歇後語——是指把一句成語的末一個字省去不說，也叫「縮腳語」。

二是擴大意義的歇後語——是指把一句話的後一半省去不說，北京又稱「俏皮話」。例如：◎「豬八戒照鏡子」，省去的後半句是「裡外不是人」。又如：「八仙過海」省去的後半句是「各顯神通」。以下所列舉的是普通話的歇後語，是我個人一時所能想到的、且是一般常見的例句，在（）內的字詞表示歇後語

省去的後半句，諸如：

◎ 十五個吊桶汲水（七上八下）。

◎ 又要馬兒肥，又要馬兒不吃草（左右為難）。

◎ 丈八（二）金剛（摸不著頭腦）。

◎ 丈母娘看女婿（愈看愈有趣、或愈看愈歡喜）。

◎ 千里送鵝毛（禮輕情意重）。

◎ 小和尚唸經（有口無心）。

◎ 包公審案（鐵面無私）。

◎ 叫化子失火（無牽無掛）。

◎ 司馬昭之心（路人皆知）。

◎ 孕婦走獨木橋（挺－鋌兒－而走險）。

◎ 打腫臉充胖子（要面子）。

◎ 吃了秤錘（鐵了心）。

◎ 老王賣瓜（自賣自誇）。

◎ 肉包子打狗（有去無回）。

◎ 秀才遇到兵（有理說不清）。

◎ 泥菩薩過江（自身難保）。

◎ 姜太公釣魚（願者上鉤）。

◎ 胖子觸電（肉麻）。

◎ 浪子回頭（金不換）。

◎ 粉絲炒海帶（黑白分明）。

◎ 啞巴吃黃蓮（有苦說不出）。

◎ 張飛穿針（大眼瞪小眼）。

◎ 棺材裡伸手（死要錢）。

◎ 畫蛇添足（多此一舉）。

◎ 買鹹魚放生（不知死活）。

◎ 黃鼠狼向雞拜年（沒安好心眼）。

◎ 嫁妝一牛車（滿載而歸）。

◎ 照葫蘆畫瓢（走了樣）。

◎ 熱鍋上的螞蟻（自己著急）。

◎ 瞎子吃餛飩（心裡有數）。

◎ 瞎貓撞著死老鼠（正走運）。

◎ 豬八戒吞鑰匙（開心）。

◎ 獨眼龍看戲（一目了然）。

◎ 螃蟹過河（七手八腳）。

◎ 貓哭耗子（假慈悲）。

◎ 騎驢看劇本（走著瞧）。

◎ 關公面前耍大刀（不自量力）。

◎ 癩蛤蟆想吃天鵝肉（異想天開）等。

以上的俗語詞句例子都是用普通話（國語）發音的「歇後語」或「俏皮話」，有時候也可利用同音字，如：◎「禿子打傘（無法（髮）無天）。」「法」和「髮」是同音字。

（四）我所知道的金門諺語：

其次介紹有關金門的諺語，當然俗語是人們生活體驗的金玉良言，也是我們偉大的老祖先遺留下來最寶貴的文化遺產，有

關我們金門的諺語乃源於中原文化，在一千多年前就隨著先民自
閩南地區傳遞到金門來，而且是一代傳一代的智慧結晶，這些諺
語雖然都是以口語方式呈現，但它對人們的影響並不亞於四書五
經，因為是通俗的語言，出自民間生活經驗的俗語，所以就是目
不識丁的男女老前輩們都會聽、也會講。金門的諺語都是用閩南
語發音，不只是「通俗好唸」，前後句的最後一字還有很美的
「押韻」，例如：

◎「一人各一樣，無人相親像」。

◎「一人食一半，感情則未散」。

◎「千辛萬苦，攏是為著腹肚」。

◎「出門著看，關門著閂，烏鼻倉，唔通看做燒火炭」。

◎「加水加豆腐，加囝加媳婦」。

◎「甘願嫁人挑蔥賣菜，不願嫁人共一尪婿」。

◎「目睭花花，瓠仔看做菜瓜；目睭霧霧，籃仔枝（芭
　樂）看做蓮霧」。

◎「有食有行氣，有燒香有保庇」。

◎「死貓吊樹頭，死狗放水流」。

◎「刣豬公無相請，嫁查某囝送大餅」。

◎「尪仔某，食糜配菜脯」。

◎「尪婆尪婆，床頭拍，床尾和」。

◎「尪親某親，怀值錢包圓崙崙」。

◎「尪親某親，老婆仔趴車崙」。

◎「枵雞無惜箠，枵人無顧面皮」。

◎「查脯人望人請，查某人望生囝」。

◎「食乎肥肥，激乎槌槌」。

◎「食乎飽飽等放假，穿乎婿婿等領薪水」。

◎「食肉滑溜溜，討錢面憂憂」。

◎「食尾牙面憂憂，食頭牙撚嘴鬚」。

◎「食菜頭好彩頭，食菜豆食到老老老」。

◎「倚厝著要好厝邊，作田著要好園邊」。

◎「差豬差狗，唔值該己走」。

◎「時到時擔當，無米煮安籤湯」。

◎「臭屁不霆，霆屁不臭，若是安薯仔屁，會霆又閣臭」。

◎「草蜢弄雞公，雞公一下跳，草蜢死翹翹」。

◎「做人若有良心，初一、十五著免點燭燒金」。

◎「細膩貓踏破瓦，細膩查某腹肚大」。

◎「魚食流水，人吃喙婿」。

◎「惡馬惡人騎，胭脂馬拄著關老爺」。

◎「脹豬肥、脹狗瘦，脹人黃酸桶」。

◎「惹熊惹虎，姆通惹著赤查某」。

◎「飼子無論飯，飼父母算頓」。

◎「飼囝是義務，食子看新婦」。

◎「飼某飼到肥律律，飼父母飼到剩一支骨」。

◎「飼雞無論糠，飼子無論飯」。

◎「豬刀利利，賺錢不過後代」。

◎「龍生龍、鳳生鳳，鳥鼠生囝會拍洞」。

◎「龜笑鱉無尾，鱉笑龜頭短」。

◎「雞公會啼應該，雞母若會啼著刣」等。

我們金門的閩南語諺語可說數之不盡如繁星點點非常之多，除了有很好聽的押韻之外，經過我個人的比照發現，在句式結構上，與普通話一樣，更講究工整的對稱，茲將之歸類為下列幾種句式：

1. 對偶式──即句式前後兩部分，不僅字數相等，而且詞義詞性，甚至平仄也相對，例如：

   ◎「父母疼細囝，公媽疼大孫」。
   ◎「在家日日好，出外朝朝難」。
   ◎「好人掠來縛，歹人放伊走」。
   ◎「尪某本是同林鳥，大限來時各自飛」。
   ◎「赤腳去逐鹿，穿鞋食鹿肉」。
   ◎「客來掃地，賊去關門」。
   ◎「查脯也著疼，查某也著成」。
   ◎「食父倚父，食母倚母」。
   ◎「食飯食俺爹，趁錢積私奇」。
   ◎「食飯食碗公，作穡閃西風」。
   ◎「笑人窮，怨人富」。
   ◎「捷罵唔聽，捷打燴（ㄇㄟ）疼」。
   ◎「飼囝無論飯，飼父母算頓」等。

2. 排比式──即句式前後的結構關係相同，部分詞語也相同，例如：

   ◎「一下笑、一下哭、一下屎、一下尿」。

◎「一句來，一句去，一句長，一句短」。

◎「一緣，二錢，三婿，四少年，五好嘴，六好膽，七皮，八棉爛，九強，十拚死」。

◎「一鯧、二鱸、三鮸魚」。

◎「七分酒、八分茶、九分飯、十分糜」。

◎「人要面皮，樹要樹皮」。

◎「正月寒死豬，二月寒死牛，三月寒死播田夫。」

3. 回環式——即採用回環式變換詞語次序，例如：

◎「圓人會扁，扁人會圓」。

◎「疑人不用，用人不疑」等。

4. 頂真式——即用前一部分的末尾作為後一部分的開頭，例如：

◎「猴罵乞丐，乞丐罵猴」。

◎「雞驚老鼠，老鼠驚雞」等。

　　大量的諺語皆講究字句整齊，結構勻稱，因為是民間口頭文學流傳最廣的一種形式，所以人們在創作時也注意到音律的和諧與節奏的鮮明，使大家都能琅琅上口，更易於記誦。例如：

『二二句』有：

◎「一鹿，九鞭」。

◎「一鄉，一俗」。

◎「七蔥，八蒜」。

◎「引鬼，入宅」。

◎「牛聲，馬喉」。

◎「生龍，活虎」。

◎「死豬，鎮砧」。

◎「佛口，蛇心」。

◎「刣雞，教猴」。

◎「虎頭，蛇尾」。

◎「近廟，欺神」。

◎「胡蠅，貪甜」。

◎「捉龜，走鱉」。

◎「臭桃，爛李」。

◎「無牛，駛馬」。

◎「搵鹽，皺薑」。

◎「輕柑，重柚」。

◎「樹大，影大」。

◎「龍爭，虎鬥」。

◎「雞小，禮大」等。

『三三句』有：

◎「一分錢，一分貨」。

◎「一樣生，百樣死」。

◎「七月半，減一線」。

◎「人是妝，佛是扛」。

◎「三時風，兩時雨」。

◎「也著神，也著人」。

◎「五月雨，驚查某」。

◎「五月颱，無人知」。

◎「六月天，七月火」。

◎「牛有繚，人無料」。

◎「牛屎龜，亂亂茹」。

◎「牛哭椆，人衰溲」。

◎「牛過溪，厚屎尿」。

◎「未學行，先學飛」。

◎「正手入，倒手出」。

◎「白露水，較冷鬼」。

◎「白露水，較冷鬼」。

◎「米成飯，即講呣」。

◎「自己撥，臭火囉」。

◎「佛祖面，羅漢骹」。

◎「佛祖面，羅漢骹」。

◎「坐佇食，倒佇放」。

◎「青狂狗，食無屎」。

◎「青暝牛，大目孔」。

◎「春報頭，冬報尾」。

◎「食甘蔗，隨目齧」。

◎「食若牛，坐若龜」。

◎「香過爐，較會芳」。

◎「香過爐，較會香」。

◎「送神風，接神雨」。

◎「做戲痟，看戲戇」。

◎「偷掠雞，無秤重」。

◎「掛羊頭，賣狗肉」。

◎「無毛雞，假大格」。

◎「進無步，退無路」。

◎「開喙蚶，粒粒臭」。

◎「腳尾青，蔭孝生」。

◎「飼鳥鼠，咬布袋」。

◎「請人哭，無目屎」。

◎「踏馬屎，憑官勢」。

◎「錢四腳，人兩腳」。

◎「醜醜尫，食賣空」。

◎「雞仔腸，鳥仔肚」。

◎「鯽仔魚，釣大鮔」。

◎「聽有聲，看無影」等。

『四四句』有：

◎「三分姿娘，七分打扮」。

◎「三年一閏，好歹照輪」。

◎「上天無門，入地無路」。

◎「小人得志，搖頭拌耳」。

◎「父老子幼，仙祖無救」。

◎「仙屎唔食，食乞丐屎」。

◎ 「在職怨職，無職思職」。

◎ 「有食伫面，有穿伫身」。

◎ 「尪生某旦，食飽相看」。

◎ 「言多必失，禮多必詐」。

◎ 「來無躊躇，去無相辭」。

◎ 「阿彌陀佛，食菜拜佛」。

◎ 「食人一口，還人一斗」。

◎ 「食欲食好，做欲輕可」。

◎ 「海水會乾，石頭會爛」。

◎ 「紙頭無名，紙尾無字」。

◎ 「骨力食力，貧惰吞涎」。

◎ 「娶呆大姊，坐金交椅」。

◎ 「頂無過眉，下無過臍」。

◎ 「就伊的土，糊伊的壁」。

◎ 「無冤無仇，不成夫妻」。

◎ 「無冤無債，不成父子」。

◎ 「買賣算分，相請無論」。

◎ 「新例無設，舊例無除」等。

『五五句』有：

◎ 「一人一家代，公媽隨人裁」。

◎ 「上司管下司，鋤頭管畚箕」。

◎ 「久旱逢甘霖，他鄉遇故知」。

◎ 「大賊劫小賊，魷魚劫墨賊」。

◎「五福難得求，富貴財子壽」。

◎「少年未曉想，食老唔成樣」。

◎「心歹無人知，嘴歹尚厲害」。

◎「日頭赤炎炎，隨人顧性命」。

◎「在生無人認，死了歸大陣」。

◎「好人勸不聽，歹鬼招著行」。

◎「好子唔免濟，濟子餓死父」。

◎「好醜湯會燒，好醜某會笑」。

◎「有子有子命，無子天註定」。

◎「事前安排好，事後免煩惱」。

◎「相尊食有剩，相搶食無份」。

◎「相罵無好話，相拍無好手」。

◎「食無一百歲，計較一千年」。

◎「射人先射馬，擒賊先擒王」。

◎「海枯將見底，人死不知心」。

◎「胸坎若樓梯，腹肚若水櫃」。

◎「酒愈囥愈香，病愈囥愈重」。

◎「做牛著愛拖，做人著愛磨」。

◎「做無一湯匙，食欲歸糞箕」。

◎「細漢父母生，大漢變某生」。

◎「禮教識透透，無鼎閣無灶」。

◎「雙手抱孩兒，才知父母時」。

◎「雙手抱孩兒，才知父母時」。

◎「雙手抱雙孫，無手窗浪裙」等。

『六六句』有：

◎ 「人飼人一支骨，天飼人肥律律」。
◎ 「囝仔有耳無喙，有尻川繪（ㄇㄟ）放屁」。
◎ 「好歹粿著會甜，好歹某著會生」。
◎ 「有食藥有行氣，有燒香有保庇」。
◎ 「唔是哭就是笑，唔是屎就是尿」。
◎ 「唔驚虎生兩翼，只驚人起二心」。
◎ 「垃圾食垃圾肥，清氣食目凸雷」。
◎ 「問神就有唔著，看醫生著食藥」。
◎ 「會曉趁未曉開，未曉開是戀人」。
◎ 「歸身軀死了了，剩一支嘴未死」。
◎ 「舊柴草緊著火，舊籠床好炊粿」等。

『七七句』有：

◎ 「一年之計在於春，一日之計在於晨」。
◎ 「人講生緣免生婚，生婚無緣上剋虧」。
◎ 「八月中秋雲遮月，正月十五雨扑燈」。
◎ 「不孝新婦三頓燒，有孝祖囝路裡搖」。
◎ 「父母疼子長流水（無時停），子孝父母樹尾風（有時陣）」。
◎ 「世界講小嘛真小，天邊海角遇會著」。
◎ 「生的恩情請一邊，養的功勞較大天」。
◎ 「有人入門來討債，無人入門來討禮」。

◎「有人怨人大尻倉，有人笑人面無肉」。

◎「有錢講話會大聲，無錢講話人怀聽」。

◎「每日若大笑三回，卡好食人蔘高麗」。

◎「芒冬開花掃磚廳，竹芒開花掃土埕」。

◎「身上無衣被人欺，腹內無膏無人疑」。

◎「英雄難過美人關，美人難過金錢關」。

◎「根深唔驚風搖動，樹正何愁月影斜」。

◎「現陣三人共五目，日後無長短腳話」。

◎「搬巢雞母生無卵，青狂豬仔食無潘」。

◎「萬兩黃金未為貴，一家安樂值千金」。

◎「豬肚煮湯嫌無菜，土豆擘旁你著知」

◎「識時務者為俊傑，知進退者為英雄」。

◎「蘆薈開花長落落，欲找好尫找嚨無」等。

『八八句』有：

◎「上好大家以理妥協，唔通靠拳頭母大粒」。

◎「大道公媽祖婆鬥法，互風佮雨做一下到」。

◎「有人進入山內趁食，有人出外落海討掠」。

◎「坐者怀知企者的苦，飽人怀知餓人的肚」。

◎「親生子不如自己財，自己財不及荷包內」等。

『九九句』有：

◎「一支牛尾遮著牛骹川，一支竹篙押倒一山坪」。

◎「出門雙手親像兩片薑，返來三籠又加兩皮箱」。

◎ 「有人好意點燈來照路，無人存心點燈去照肚」。

◎ 「有錢死某隨時換新衣，無錢死某半路折扁擔」。

◎ 「頭家勸徒有路去路，無路再返來找老主顧」等。

『十十句』有：

◎ 「九月九喨日十月日生翼，十一月懶惰查某理未直」。

◎ 「人講飼子無惜殺一隻豬，飼父母那有惜加一雙筷」。

◎ 「先人講有心磨鐵鐵成針，嘛有講有心鑿山山通海」等。

　　另外還有單句式或是不同的長短句式的諺語，同樣都具有音律清晰、節奏鮮明的特點，例如：

單句式的有：

◎ 「一山不容二虎」。

◎ 「一勤天下無難事」。

◎ 「天公疼戇人」。

◎ 「老神在在」。

◎ 「畫龍點睛」等。

二二三句式的有：

◎ 「一朴，二虹，三相思」。

◎ 「一否，兩好，三兩光」。

◎ 「好食，好睏，好放屎」。

◎ 「有趁，無趁，食一漢」等。

二三句式的有：

◎「一馬，配雙鞍」。

◎「九月，九降風」。

◎「乞食，趲廟公」。

◎「大普，餓死鬼」。

◎「五月，無澹土」。

◎「六月，火燒埔」。

◎「水鬼，掠交替」。

◎「司公，唔驚鬼」。

◎「四月，無正雨」。

◎「立冬，補嘴孔」。

◎「好馬，不離鞍」。

◎「羊仔，見青好」。

◎「春天，後母面」。

◎「春霧，曝死鬼」。

◎「紅婿，黑大扮」。

◎「夏霧，做大水」。

◎「惡蛇，翻頭鹼」。

◎「熟識，賺厝內」等。

三四句式的有：

◎「好手段，一滾就爛」。

◎「好額人，乞食性命」。

◎ 「唔成雞，愛放白屎」。

◎ 「無想貪，著免信神」等。

三五句式的有：

◎ 「一粒雨，槓死一個人」。

◎ 「好好鱟，刣呷屎若流」。

◎ 「求平安，較好添福壽」。

◎ 「雲行東，想雨日日空」等。

三六句式的有：

◎ 「家裡無，唔通飼闊嗍婆」。

◎ 「聖聖佛，拄著悾憨弟子」等。

四五句式的有：

◎ 「　面要死，一面要食米」。

◎ 「千金買厝，萬金買厝邊」。

◎ 「食兇困重，做穡貓貓相」。

◎ 「食飯流汗，做功課畏寒」等。

四六句式的有：

◎ 「一人舉篙，不如眾人呼號」。

◎ 「千富萬富，唔直著該己厝」。

◎ 「甘願做牛，唔驚無犁通拖」。

◎ 「無三寸水，就想欲划龍船」。

四七句式的有：

◎「甘食甘分，有通食閣有通剩」。

五六句式的有：

◎「人佮人做伙，好頭不如好尾」。

五七句式的有：

◎「人濟話道濟，三色人講五色話」。
◎「月內食一嘴，卡贏月外食呷畏」。
◎「食老三項醜，加嗽泄尿兼滲屎」。
◎「食老三項醜：第一哈肺流目屎，第二放尿家尿滓，第
　三放屁兼滲屎」。
◎「樹頭企乎在，呣驚樹尾做風颱」等。

　　常用的各種不同的句式諺語，可說是不勝枚舉、比比皆是，
只要肯用心去研究，去搜索，去歸納，當會發現更多諺語的藝術
及表現風格的不同，更會感悟出老祖先們在語言上驚人的創造力
與智慧的結晶，讓我們後輩子孫們，能運用這些智慧的結晶（諺
語）來處理生活上所遭遇到的問題，所以諺語確實是每一個金門
人家庭應具備的傳家之寶，但願能一代傳給一代聽，一代教給一
代學。

＊有趣的閩南話歇後語：

閩南話的歇後語也很多，比起普通話的歇後語有些更來得逗趣，茲分享個人腦海中能記憶及常聽過的閩南話歇後語如後，在（）中的字詞與前面普通話的歇後語一樣是省略的語句。

◎ 一孔摢雙尾（好孔）。

◎ 一粒田螺煮九碗公湯（無味）。

◎ 一隊水肥車大塞車（拖屎連）。

◎ 七月半鴨仔（唔知死）。

◎ 十七兩（翹翹）。

◎ 十二月睏厝頂（吝嗇——凍霜）。

◎ 大兄無半厈（歪哥）。

◎ 六二（五四二）。

◎ 六月芥菜（假有心）。

◎ 水流破布（行到彼，坎到彼）。

◎ 水蛙生尾（假龜）。

◎ 火燒目眉毛（目孔赤）。

◎ 火燒孤寮（無望）。

◎ 火燒金紙店（匯乎土地公）。

◎ 火燒厝（無趣——厝味）。

◎ 火燒豬頭皮（面熟面熟）。

◎ 火燒雞寮（芳貢貢）。

◎ 牛牽到北京亦是牛（歹性第）。

◎ 去土州賣鴨卵（死了）。

◎ 四十錢提二釐（三八）。

◎ 幼稚園招生（老不修──收）。

◎ 甘蔗歸枝喫（無斬節）。

◎ 田螺含水過冬（等時機）。

◎ 全身蓋棉被（無頭無面）。

◎ 囝仔跋倒（馬馬虎虎──媽媽敷敷）。

◎ 囝仔穿大人衫（大輸）。

◎ 老幼皆善人（大小善）。

◎ 老甘蔗頭（根節）。

◎ 肉包仔擲狗（有去無回）。

◎ 和尚划船（無法──髮渡）。

◎ 放屁脫褲（無需要）。

◎ 放錄音帶（有聽聲無看影）。

◎ 阿公娶某（雞婆）。

◎ 阿婆仔生子（真拼）。

◎ 阿婆炊粿（倒凹）。

◎ 姜子牙釣魚（線仙──散仙）。

◎ 查某人嘴齒（你的──女牙）。

◎ 查某嫺仔偘肉（看有食無）。

◎ 紅龜包鹹菜（無好貨）。

◎ 食唔著藥（換帖）。

◎ 食紅柿配燒酒（存死）。

◎ 海龍王辭水（假細膩）。

◎ 浸水棉紗（歹紡）。

◎ 烏人食火炭（黑食黑）。

◎ 烏矸仔貯豆油（看未出）。

◎ 烏雞母生白雞卵（事實如此）。

◎ 破雨傘（興展）。

◎ 祖傳佛經（世世唸）。

◎ 神明著賊偷（失神）。

◎ 缺嘴仔食麵（看現現）。

◎ 蚊仔叮牛角（無采工）。

◎ 財子壽（三字全）。

◎ 啞口壓死子（無話講）。

◎ 清明啳返厝（無祖）。

◎ 尋空尋縫（掠漏）。

◎ 無掛牛嘴籠（亂食）。

◎ 無齒食豆腐（抵仔好）。

◎ 番薯屎（緊性）。

◎ 菜瓜摃狗（去一缺）。

◎ 開刀生產（破產）。

◎ 飲白滾水放茶米屎（火大）。

◎ 圓仔吵大麵（膏膏纏）。

◎ 煙筒破孔（歹講——管）。

◎ 墓仔埔放炮（吵死人）。

◎ 種瓠仔生菜瓜（有夠衰）。

◎ 嘴巴角抹石灰（白食）。

◎ 請鬼提藥單（該死）。

◎ 貓爬樹（嘸成猴）。

◎ 貓食鹽（存辦死）。

◎ 閻羅王出告示（鬼話連篇）。

◎ 頷頸仔生瘤（抵著）。

◎ 鴨母食田螺（硬規）。

◎ 謝將軍消遣八將軍（七仔笑八仔）。

◎ 戲棚頂的皇帝（做不久）。

◎ 雞屎落土（三寸煙）。

◎ 籠床坎無密（漏氣）。

（五）結語：

　　總之，無論是普通話或是閩南話的諺俗（俚）語、歇後語，在歷代先民們的努力的創作下，已經表現出許多幽默風趣詼諧的完美句式及藝術，並且在說理形象方面，在押韻用詞上，真的是妙趣橫生，令人拍案叫絕的句子俯拾皆是，在此特別要向大家表示歉意的是，因為許多用字是配合方言來顯示，也許頻頻使用很多不當又不雅的別字來代替，尚請各位諺俗語的同好先進前輩們，能見怪不怪的原諒包涵，並請能不吝賜正則感恩不盡。

（註：本文原載於2009年6月28日金門日報副刊）

貳、

【有趣的金門俗語集錦】

一、風俗習慣篇

◎「宮前，祖厝後。」

　　「宮」指村中廟宇，「祖厝」指村中家廟或宗祠。該句是說廟宇的正前方，家廟或宗祠的正後方，都不宜於蓋住家房子。據老一輩的說法是住家的龍脈（或風水）與宮廟、宗祠相剋，若是住家蓋在宮前祖厝後的人，會家道衰敗。好心建議：要建新屋擇地時需列入考慮，寧可信其有，不可信其無，「細膩無辭本」，因為建厝業是百年永久之大計，關係後代子孫之事業前程發展，何況要花費數百萬元鉅款，不得不慎。

◎「早送神，佔好位。」

　　地方習俗每年的農曆十二月二十三日是恭送家裡供奉的神明（觀音佛祖、福德正神、灶君公等以及各家所供奉不同的神明）返回天庭述職的日子，除了要燒些祈福的大壽金、補運金、改年通錢之外，供品則選些水果、糕點、紅圓、甜類餅乾等，據老一輩的說法「拜些甜點好讓神明嘴巴嚐甜會幫說好話。」等燒完金紙後再燒神馬俾神明騎乘出發早返天庭，好佔到好的位置。而翌年的正月初四日是迎接神明的日子，所要拜的供品則

　　要以三牲、大麵、菜餚為主，為神明接風洗塵，唯接神時先焚香後要先燒神馬後再燒金紙。這些作法是家姑（婆婆）教授的，到底對與否不知道，反正心誠則靈，有拜有燒香就有保祐。此句常用於鼓勵一個人做事如能早在人前一步，就先能取到好機會，就像「早起的鳥兒有蟲吃」意思相同。

◎「舉頭三尺有神明。」

　　據說每個人的頭頂上三尺之處，都有神明的存在，在冥冥之中監視著每個人的一舉一動，一言一行，無所不在的神明，他將一點一滴的記下每個人的善惡行徑在功德簿上，作為日後的獎懲報應。這句俗語與「神明佇在咱ㄟ頭殼頂。」意義相同。都是在勸世人為人處世皆要憑良心，為善積德，好以庇蔭子孫。千萬不可為非作歹，禍遺後代，語云：「善有善報，惡有惡報，不是不報，是時辰未到。」

◎「燒一條清香，較好過刣豬羊。」

　　真正的大道神明應該也是不喜歡收受賄賂的，供品再多，相信神明也是不會收受的。所以要拜神，祇要以一顆虔誠的心，點一支清香向神明禱告即可，用不著要殺豬宰羊大費周章。何況現在凡事注重環保，有些寺廟還鼓勵眾信徒擅用心香，「合拾問訊」即可，連燒一條清香亦可免了。其實另一句俗語說得很好：「做人若有良心，初一、十五著免點燭燒金。」不是嗎？

◎「前桑，後苦。」

　　「桑」桑樹。「苦」苦楝樹。一般人對「風水陽居」都很重視，而民間習俗認為住屋的前面不宜種桑樹，因為「桑」與「喪」同音，而屋後不能種苦楝樹，「苦」字代表不吉利，大家為求「風生水起好運來」，所以住宅四周前後的環境都會避免這兩種樹的栽種，我也曾親自聆聽過村中故老勘輿師（王清流叔祖父）談論及此事，也請大家能慎重參考。

◎「金門城宮，瓊林宗祠。」

　　「金門城」即現在的舊金城，在明朝洪武二十年曾築建千戶所城，成為明代有名的政經中心，而城內寺廟林立，數量之多於當時，稱冠於全金門，而全金門的宗祠總數量也多達一百六十餘間，其間瓊林村濟陽蔡氏的八間宗祠歷年來都被排名列為第一，所以在談論寺廟與宗祠時，「金門城宮，瓊林宗祠。」是最常為人們欽羨的比較話題。

◎「無祖厝無宮，鄉里燴（ㄇㄟ）興。」

　　有人云：「無宮無祖厝，不成鄉里。」現在的金門，每一村都有自己的村廟供奉主要的神祇；各個姓氏也都建有自己專屬的宗祠（又稱家廟或祖厝），例如后浦，因地方大，住的人有很多不同的姓氏，所以有陳氏宗祠、許氏宗祠、王氏宗祠……等；寺廟有城隍廟、金蓮淨苑、觀音亭、北帝廟、關帝廟、土地公宮、媽祖宮……等，都是在述說宗祠、寺廟對整個村莊百姓團結

向心的重要性。

◎「紅宮，黑祖厝。」

　　　「紅宮」指各村中的寺廟。「祖厝」指個姓氏的
宗祠。各村中的寺廟一般供奉的神祇大多不一樣，各村
的廟會慶典皆以供奉的主神祇的壽誕日來設醮。而各個
姓氏的宗祠供奉的是歷代的祖先神主牌位，以每年的春
節、清明節、中元節、冬至等四大節及二月十五日、八
月十五日為春秋兩祭，讓各姓氏後裔子孫們能慎終追遠
為依歸，所以兩者性質完全不同。一般而言，寺廟的整
體建築以紅色系列為主，而宗祠則以黑色系列為主。寺
廟屋脊兩側的龍隱臉部朝內，象徵保護村子的平安；而
宗祠屋脊兩側的龍隱臉部卻相反的朝外，據說是希望子
孫能瓜瓞綿綿，又能向外發展之意圖。「紅宮，黑祖
厝。」是用來，區分寺廟、宗祠的建築外觀色系之不同
而言。

◎「你（妳）得前，我們得後，代代子孫食到老。」

　　　這句是先家翁往生時辦理祭拜「辭生」時，村中金
龍嬸婆祖仔教我的「辭生的菜碗，要準備一隻雞、一尾
魚、三粒紅圓、連同其他菜碗共七碗，煮熟的雞要攔腰
部切成前後兩半，待上過香後，焚香向往生者禱祝說：
『你得前，我們得後，代代子孫食到老。』待入殮後，
再將這隻雞切塊分給子孫媳們等食用。」

◎「前三後四，留給子孫好建置。」

　　　這句也是先家翁往生時，身為長媳的我，在金龍

嬸婆祖仔教導之下，穿戴喪服前往自己家院子的井中打水，供往生者沐浴之用，這一儀節叫『乞水』。乞水之前，要用兩枚銅錢或銅板，先站立在井旁，向井神告知原委，待取得聖筊後，才能放下水桶取水，再將水倒入臉盆中，由我用乾淨毛巾沾水擰乾，先在躺於水床上的先家翁胸前比劃擦拭三下，在向水床卜（即死者背後）也比劃擦拭四下，作幫其沐浴狀的動作，一邊作一邊口中要禱唸：「前三後四，留給代代子孫好建置。」，沐浴儀式完畢後，再將這些盥洗用的容器拿至屋後外側加以覆蓋，旁邊還要置放鋤頭一把。這『乞水』是喪葬禮俗斷氣後的載禮之一。俗語說：「不經一事，不長一智。」經過一次親身的體驗，確實對地區的喪禮習俗認知不少。

◎「四個『恭喜』，扛一個『也好』。」

　　在此「恭喜」指男生。「也好」指女牛。傳統農業社會刻板觀念：「重男輕女」、「男尊女卑」，所以凡遇他人家生男孩時，都會說「恭喜」來表示祝賀；若是生女孩時就不敢說「恭喜」，而改用「也好」來表示安慰之意。儘管大家都重男輕女，但是男孩長大並不一定各個都功成名就有優厚的工作，去做轎夫維生者大有人在。新娘子坐花轎，不就是由「四個『恭喜』扛一個『也好』嗎？這句俗語實在用的太妙了。

◎「白鬚孫，坐土叔。」

　　我們國人一向重視倫常，尤其各宗姓氏族譜更尊重

世系昭穆輩分排序。因此之故，繁延後代人丁子孫就不一定照序位先後來分配多寡，在同一宗祠內，輩分愈低就代表繁延子孫多，例如：后宅王氏族譜的世系昭穆，始祖一世至八是無編昭穆，從第九世是：「乾天尚懋秉士學道宜先安仁（二十世）任重遠文（二十四世）章祖澤長盛世朝家選……」，我家孫子少謙已是屬第二十四世，可是重字輩的孩子尚未出生，等到遠字輩的出生時，很可能我的孫子（文字輩的少謙）已經五、六十歲，鬍鬚都白了，而被稱叔叔的人也許才出生不久或才會坐，說不定也還未出生，所以按輩分來說：「白鬚孫，坐土叔。」是正確的形容詞。

◎「雞公會啼應該，雞母若會啼著刣。」

「刣」即宰殺也。傳統封建風俗：雄雞司晨是正常的現象，如果是有母雞啼了，大家就會認為是反常的徵兆，代表是有禍事要發生了，故主張要把這隻會啼的母雞殺掉以避凶化吉。記得當年呂秀蓮女士要參選總統時，也曾經被某大報媒體以大幅廣告刊登「雌雞司晨是禍不是福。」個人覺得站在這個已邁入兩性平權的二十一世紀，用這句俗語來評斷有才能想要與男性一爭天下，報效國家、服務社會的女性來說，是極其嚴重的侮辱和不尊重。大家為什麼不去逆向思考，往好的方面去想？不是也有「巾幗不讓鬚眉」、「出類拔萃」、「女性之光」……等對表現傑出女性的讚美之用詞嗎？這些曾因會司晨啼叫而無辜被人宰殺的母雞實在很冤

枉，假若當時有能力表達抗議的話，牠們一定會說：你們這些主人真是太過迷信了，你們不認為我是與眾不同、出類拔萃嗎？你們不把我引以為傲也就罷了，還硬是要加罪於我，說是會為你們帶來不祥，結果非把我殺掉不可，真冤枉啊！包青天大人何在？

◎「趕人生，趕人死，趕人食無天理。」

　　「趕」即催促，其實人的出生是必須經其為母者懷胎長達十個月，到了瓜熟蒂落自然就生產下來。人的壽命也有一定的長短，不該死的時候，就是想早死，閻羅王也不准他死，總會被救再活；但是假如是壽命該終，既使還不想死，閻羅王掌管生死簿，該死的時辰一到，閻羅王就會派遣黑白無常硬來抓去，絕對沒得救。至於「趕人食」，俗語說：「吃飯皇帝人。」所以「趕人生，趕人死，趕人食。」這三件事都是違反自然天理的事情，一般正常的人是不會去做的，但是遇到作惡多端的歹徒們就不能保證了。（註：新兵入伍訓練，限時間內吃完飯是應有的訓練應除外，不該算是「趕人食。」）

◎「貓親情，狗斷路。」

　　從我很小的時候，就常聽老祖母說過這句俗語，及長大才知道：原來地區自古時候就有送貓結親友，送狗失感情的相傳習俗，這種沒經考證的習俗就一直被延用至今。親朋好友之間，為了能消除這種迷信禁忌，相互致贈貓就覺得沒關係，而送小狗時，對方就會象徵性的

少許給點錢，類似買的一樣，養起來在心理上就不怕會斷失親友之情的禁忌了。

◎「頭烘，尾吉。」

　　「烘」指烘肉（大紅燒蹄膀）。「吉」指喜宴上最後的一道禮餅（最原先俗名桔餅）。原來婚宴中自古以來，所出的菜餚都有一定的搭配程序，就是現今設喜宴在餐廳也不能脫禮俗，習慣上都備有十二道菜，第十道菜一定是上「烘肉及胡椒包」（男方娶媳出大紅燒蹄膀，女方出嫁則有時出蒜泥四角烘），十二道出菜當中再配上第一道「拼盤」、二道「燕菜」、「龍蝦、蝦」、「甜八寶配蛋塔」、「魚（紅燒或清蒸）」、「芋頭排骨」、「佛跳牆」、「炒三鮮」（有時是紅燒羊肉，隨主人任擇其一）、「八寶雞或人蔘雞湯」、「對菜」、「魚丸湯或豬心排骨湯」、第十二道（最後一道）一定是「禮餅配養樂多或果凍或甜湯（小湯圓、白木耳、龍眼肉、紅棗），有時也配冰淇淋」，出這些菜的內容，主要是象徵著藉大家的恭喜與祝福，讓新婚的人能百年好合、早生貴子、白頭偕老、圓圓滿滿。所以「頭烘，尾吉。」是形容喜宴菜色先後順序的習慣用語。（註：婚宴一定要出一道雞，因「雞」與「家」同音，是起家建置家庭之意。）

◎「雞蛋身，鴨蛋面，好親戚，相叫勻。」

　　「勻」均勻之意。這句是以前新生兒落胎髮時的習俗用語，新生兒落胎髮時，為人母者或是老祖母，除

了要準備雞蛋、鴨蛋、秤錘，銅錢十二枚一起放在臉盆水中供洗頭外，口中總會唸：「雞蛋身，鴨蛋面，好親戚，相叫勻。」來祝福並期許孩子日後能長成為身材高挑、五官端正；或是窈窕淑女、君子好求的俊男美女好模樣。再將臉盆水潑向門外十字路口，象徵孩子日後志在四方，前途不可限量。理剪下來的胎髮則妥為包紮後再塞入石縫中，期望孩子一生頭殼比石頭還更堅硬，可見天下父母心，望子成龍、望女成鳳的期望都是一樣的偉大。

◎「立冬，補喙孔。」

　　「立冬」是中國農曆二十四節氣之一，約在每年的國曆十一月七日或八日，如今年的立冬日是民國100年的十一月八日，而101年的立冬日則是再國利的十一月七日。「喙孔」是嘴巴。「立冬」這日即代表開始進入冬天。「立冬」又俗稱為「補冬」，也許早期民間生活困苦，平常只能吃一些填飽肚子的粗俗食物，所以才有立冬進補的習俗，尤其農家大部分都自己養有雞鴨羊兔之類的家禽家畜，到了立冬這天，各家戶都會殺雞宰羊等，加上為大人、小孩們各自去中藥店配上所需的一帖中藥來燉煮，為全家人的身體進補滋養一番，好度過寒冬。該句「立冬，補喙孔。」說「補冬」美其名為「進補」，其實是補嘴巴這個無底大孔而已。

◎「母舅公較大三界公。」

　　「母舅公」即舅父，也就是母親的兄弟稱之。母

舅在一般禮俗中的地位最為尊貴，傳說外甥結婚辦喜宴時，倘若母舅尚未到達主桌坐定之前，筵席是不能開動的，家中若是發生糾紛，往社會請來調解，舅父依事論斷的決定說了就算數，所以才有這句「母舅公較大三界公。」的說法。

◎「離鄉怀離腔。」

　　「離鄉」遠離家鄉。「腔」是語音腔調。人雖遠離家鄉數十年，但是鄉音並無改變。此次金門縣舉辦世界金門日，許多從旅居海外各地歸來參與盛會的老華僑們，他們自少小就離開家鄉，他們講話的腔音語調一點都沒改變，尤其可貴的是他們的晚輩子孫，在他們的口語相傳調教之下，所講的語音也是咱正宗的金門話才了不起，真正是「離鄉怀離腔。」的最佳寫照。

◎「男呼（ㄅㄨˇ）風（ㄏㄨㄤ），女呼雨（ㄏㄡˊ）。」

　　這是經驗之談，一般小男應從口中自然的吹氣沫，象徵天氣將要起大風。而小女嬰從口中自然的吹氣沫，則表示天氣將要下雨了。這是金門地區民間的傳說，似乎還蠻應驗準確的。因我的小孩子們在小嬰兒時曾經也有呼（ㄅㄨˇ）風及呼雨（ㄏㄡˊ）的事實經驗。

◎「牛郎東，織女西。」

　　牛郎與織女的淒美故事傳說很多版本。在這句俗語是指天上的星座方位而言，也就是牛郎星座向是位在銀河的東邊，而織女星座向是位在銀河的西邊。相傳每年的七夕（農曆七月初七日）中國情人節這天，牛郎與織

女才能相會一次。

◎「通海一塊礁。」

　　「通海」指整個大海，「礁」是指礁石小島，整句解釋為整個大海中唯一的一塊礁石小島，在此引申來比喻東西的稀少可貴應加以珍惜。例如：某人的七女一男孩子，當中這唯一的兒子就被形容成「通海一塊礁」，或是獨生子女也可以此句作形容。

◎「死老爸扛去埋，死老母等外家來。」

　　「扛」抬也。父親去世時，家人可自行決定一切殯殮的儀節，可是母親若死了，就要通告母親的娘家人知曉，並需請母親的娘家人（大部分是母舅）陪同選購壽板（棺木）；要入殮之前尚必須等母親娘家人（大約是母妗等人）弔唁後才能蓋棺，以示對母親的尊重，同時也讓喪者子媳對母親的壽衣及佩帶玉器、銀器等飾物不敢太寒酸的用意。

◎「插春，明年生查晡孫。」

　　「查晡孫」即男孫子。一般婚禮大都選在年底，當新娘子迎娶進大門之前，新娘子必定要先跨過「淨爐」，踩破瓦片後再由家姑（婆婆）在新媳婦頭上插一對大紅色的春花和橘仔，並且邊插邊唸：「插春，明年生查晡孫。」希望媳婦明年能為家裡再添一男丁（查晡孫）。

二、情境氣氛篇

◎「麥肥安茨命。」

　　此句是金門縣農會理事長陳國強先生附贈的俗語。麥子在播種之前必須先撒肥料，以前是用人畜的肥水、炊煮的燒柴火灰燼、或牛馬舍內的糞便等天然肥施之，而現在則改用化學製造的人工肥田粉，因麥子的鬚根細又短，所以吸收的肥料也不多，通常地區的慣例是麥子收成後的田地，接著就是種地瓜（俗稱安茨），所以種麥子時所遺留下的肥料之多寡就都歸屬後種的安茨來吸收接受的意思。

◎「忠厚，擔屎無偷飲。」

　　「忠厚」即「古意」、「老實」之意，「擔屎」即「挑水肥」。一個老實人挑著水肥去澆灌田地或農作物，既使在無人見到的的地方也不致會偷飲，這是人人信得過的事。可是換成挑的不是糞水，而是其他的食物就有讓人遐想的空間了，所以這是一句反諷的俗語，用來隱喻某人絕非真正誠實之人。

◎「無話講栲栳。」

　　「栲栳」是一種用竹篾編製的盛物器具，是以前

家庭廚房盛裝各種乾濕果菜的必備器物，現今已被塑膠製品取代。此句是人們相對講話時，忽然間一時無話可講，立即抓一個無相關的話題來解窘的意思。

◎「書深人賢，水清魚現。」

　　「書深」是書讀得很多，學問很深。「水清」是指湖溪水或江河的水很清澈能見底。書讀得很多的人學問好，通達情理、知道禮數，自然高人一等，容易出人頭地，而湖溪、江河的水很清澈能見底的話，水中的魚兒自然就看得見了。

◎「抹壁雙屏光。」

　　「屏」是指地方的某一邊或某一面，閩南話也有用來指人或人群，如這屏，那屏；「光」是發亮或漂亮，整句意思是指泥水匠塗抹牆壁兩面都抹得光滑漂亮，讓牆壁的兩邊人看起來都高興。此句常用來形容一個人做事小心謹慎、面面思量週全俱到，讓各方面的人都高興。

◎「一兼二顧，摸蜊仔兼洗褲。」

　　「蜊仔」就是「蚶」，是生長在湖邊或河邊的貝類，人要去摸蜊仔時，一定會把褲子弄濕（兼洗褲）。此句形容做一件事，同時也可以兼做另一件事，即「一舉兩得」之意。

◎「閹雞趁鳳飛。」

　　「閹雞」是被閹的公雞，「鳳」是神話傳說中的公（雄）百靈鳥，母（雌）的叫「凰」。「趁」即仿效之意。句意是已被閹的公雞，自不量力，還要盲目的仿

效公的百靈鳥一樣的飛舞。在此「閹雞趁鳳飛」是嘲諷某人能力既不足，身分、地位、條件也不配，卻自不量力，偏要盲目的仿效顯貴達人或有權勢的人去做同樣的事，也不怕笑掉別人的大門牙。

◎「真無采，好花插牛屎。」

　　「無采」是可惜。「好花插牛屎。」是比喻一個賢慧美麗的姑娘，嫁給一個堂貌不揚、外表庸俗、頭腦簡單僅四肢發達的丈夫（比喻成牛屎），實在是真無采可惜啊！

◎「紅婿，烏大扮。」

　　「婿」是美。「烏」是黑。「大扮」是成熟穩重。紅色代表喜氣。所以大家喜歡辦喜事都愛用紅色，而黑色穿著讓人看起來端莊大方穩重，許多女士在很多場合，常是穿著紅黑搭配的服飾，所以在有喜慶的場合中常聽到有「紅婿烏大扮」的讚美之聲。

◎「愛婿怀驚流鼻水。」

　　這句是諷刺在很寒冷的天氣，一些愛漂亮又愛展現好身材的人，穿得很單薄又無領無袖、或是露肚臍、露大腿的迷你裙，來吸引別人看她的眼光，但這一些愛漂亮又愛展現好身材的人確是真的因穿太少而招致感冒流鼻水。但是新娘子穿婚紗或露肩露背的禮服時，就不可以用「愛婿怀驚流鼻水。」來謔笑了。因為身分、場面、氣氛不一樣。

◎「賊ㄎㄚ（咖）惡人。」

　　這句是婆婆慣用的俗語，意思是說小偷被抓到後，態度不知羞愧，反而比被抓的主人或普通人更兇更壞，實在很可惡。

◎「臭腳川，畏人搵。」

　　「腳川」即屁股。「畏」害怕、畏懼也。「搵」摸也。此句是說一個臭屁股的人，最怕有人去摸他。比喻人做事犯了嚴重錯誤後最害怕被別人去揭露之意。

◎「臭耳人摰彎話。」

　　「臭耳人」是聾子，「摰」是善於或很專長。「彎話」是自圓其說。整句是聾子容易把話聽錯，卻善於自圓其說。

◎「雞仔腸，鳥仔肚。」

　　雞隻的腸子，小鳥兒的肚子（胃）。是比喻一個人的心胸狹窄、肚量太小之意。

◎「狗聲乞丐喉。」

　　此句形容歌聲不好聽，怪腔怪調，好像狗吠或是乞丐乞討時發出的乞討怪調怪聲一樣的令人覺得難聽與不妙。

◎「狗跟屁走，人順勢行。」

　　以前大部分百姓皆生活貧困，三餐都顧不好，那有餘糧去餵狗，狗皆靠吃大便維生。通常人要大便之前會先放屁，狗聞人屁就會跟著走等有機會能吃到大便。此句比喻一個人做事要察言觀色，如行船要看風勢駛舵才

能安穩。

◎「嘴若雞母骹穿。」

　　「雞母」即「母雞」，「骹穿」即屁股，嘴巴像母雞的屁股一樣。此句比喻一個人愛信口開河胡說八道，所說的話不足採信。

◎「臭頭ㄟ厚藥。」

　　「厚」即多也。言治療頭上生爛瘡的藥方很多，人說紛云胡亂投醫卻沒有對症下藥，醫來醫去，徒費功夫沒效果。

◎「赤腳ㄟ逐鹿，穿鞋ㄟㄇ食肉。」

　　是說打赤腳的夫追鹿累半死，卻讓穿鞋的人吃鹿肉。言諷有的人勞而沒有收穫，有的人卻不用辛勞反而有所收穫。表示不公平、不滿之意思。

◎「儕牛踏無糞。」

　　「儕」多也。「踏無糞」堆不成肥料。比喻人雖很多，但各有私心，目標不一，又不團結是成不了事情，就像「儕牛踏無糞」一樣。

◎「講精放屎糊床框。」

　　「講精」是說凡事很會講道理，好像什麼都很精通似的，一旦要他去親自動手時，卻什麼事也做不出來。有點「光說不練」之意。

◎「做戲痟，看戲戇。」

　　「痟」指瘋子或神經有問題，「戇」意指愚笨傻瓜，「做戲」是演員，「看戲」是觀眾。此句是說演員

很入戲，隨著劇情的需要，生、旦、丑……等角色的扮演，很入戲的演出喜、悲、哀、樂的各種表情，就像瘋子，而觀眾看戲也很入迷，也隨劇情及演員的演技變化，有時隨戲大笑，或是跟著劇情的感動而落淚，豈不像是個大傻瓜？

◎「做衫的穿破衫，做木的無眠床。」

　　「做衫的」指裁縫師傅，「做木的」指木匠師傅。裁縫師傅成天只忙著替別人製做新衣服，卻無暇為自己做新衣服，常常穿舊衣服，有時甚至破了也無空閒去補。木匠師傅也一樣，一天到晚忙著替別人製做新傢俱或新眠床，自己要睡的眠床卻無暇做。另有一句「製陶的呼缺，做土的牆ㄍㄨㄟ（頭）封草（ㄆㄧㄟˋ）坪。」意思相同。

◎「做ㄍㄚ（嘎）汗流，嫌ㄍㄚ（嘎）涎流。」

　　「汗流」指做事認真賣力致汗流浹背。「涎流」是嘴涎直直流。這句常常是身為媳婦者感嘆自己努力認真做事，工作不停到流汗，卻遭不知疼惜媳婦的婆婆看不順眼，樣樣批評挑剔，嫌到嘴涎直直流；或是用在伙計與苛刻型老闆之間的關係用詞。還有現在的總統或是各級行政主官，因處在民主時代，不是為國為民做ㄍㄚ（嘎）汗流，卻被人民嫌ㄍㄚ（嘎）涎流嗎？

◎「惡馬惡人騎。」

　　「惡」不善也，此處意指慓悍。此句原意是說慓悍的馬一定會被慓悍者來馴服，比喻世間萬物係屬一物克

一物。有些時候講「惡馬惡人騎。」時常會接一句「胭脂馬，遇著關老爺。」「胭脂馬」指凶悍又美麗的女人。「關老爺」指關公，他被譽為是正義之神，絕不會被女色所誘惑，所以有「胭脂馬，遇著關老爺。」這句俗語。

◎「牛聲，馬喉。」

　　牛的叫聲和馬的嘶聲都不悅耳。比喻五音不全的歌唱者所發出的歌聲是很不受歡迎的。與「狗聲乞丐喉。」意思相同。但有些時候，可用在自己唱歌時的自謙之詞，如：我實在唱得不好聽，像「狗聲乞丐喉」一樣，讓大家見笑了！請多包涵。

◎「好馬怀食回頭草。」

　　「怀食」即不吃。此句比喻一個人立志向前，不再後悔走回頭路。如：夫妻失和，已決定離婚，任何一方如有後悔之意，另一方就可表達我絕對是「好馬怀食回頭草。」

◎「天落紅雨，馬發角。」

　　「落」指「下」也。一般常理：馬是不長角的，天是不會下紅色的雨水的。此句用在形容不可能發生的事態。如同「太陽打從西邊出來」一樣的不可能發生之事。

◎「家脊揹ㄏㄨㄥ（皇）金，替人看風水。」

　　「家脊」指背後。「ㄏㄨㄥ（皇）金」即裝死人拾骨的陶甕，有人又稱「ㄏㄨㄥ金甕」。「風水」指墳墓地理位置。此句之意是說風水先生自己背脊上揹著自家

親人的ㄏㄨㄥ金甕，尚未尋到好的風水來埋葬，卻為了替別人堪輿賺錢看風水。此句之意諷刺自己的事情未辦好，卻還要替別人去辦事。有關金門的風水傳說故事很多，恕在此無法贅述。

◎「閒時貼鼎邊，冬至無搓圓。」

「閒時」即平常時，「鼎邊」即鍋邊。平常時候愛吃的時候，就會用麥子或高粱粒磨粉和水成圓塊狀壓扁貼在鍋邊，當鍋中炊煮的飯熟食，鍋邊所貼的高粱糕（ㄉㄜ）或麥仔糕（ㄉㄜ）也同時熟了，可是到了「冬至」節慶之日，習俗應該要搓湯圓拜祭祖先，反而沒有搓湯圓。此句反諷本末倒置。與另一句「該癢的伓耙（ㄅㄟˊ），不癢的耙到破皮。」用意相似，也是本末倒置很反常態。

◎「懶惰牛，屎尿厚。」

指一隻懶惰的牛，一會兒要大便，一會兒要小便，根本無法專心耕作。此句比喻一個人做事不努力，一天到晚藉口很多的意思。

◎「海龍王，辭水。」

「辭」指推辭之意。海龍王原本是掌管所有的水事，若是無水則海龍王就無法翻雲覆雨或是被困淺海。此句常引申為出人意料之外，有假客套之意。

◎「面小，怨人大骹（ㄎㄚ）川。」

「面小」指身體瘦小者，「骹（ㄎㄚ）川」指屁股。自己因身體瘦小臉也小的人，竟而埋怨別人肥胖屁

股也大。比喻嫉妒心很強，見不得人好的用語。

◎「家己做醫生，骹（ㄎㄚ）川爛一屏。」

　　「家己」指自己。「一屏」一片。此句比喻自己當醫生，天天能把別人醫好，卻無暇顧到自己，讓自己的屁股爛了一屏，卻不會醫治自己。

◎「好心互雷侵（ㄐㄧㄣ）。」

　　「互雷侵（ㄐㄧㄣ）」是被雷電打到。有一些人愛發誓：「我若沒怎樣，會被雷公打死。」，又有人罵人時說：「你做出如此傷天害理的事，不怕被雷公打死嗎？」，可見被雷擊到是很可怕的事，就是不死也重傷。這句是形容好心沒好報。類似「狗咬呂洞賓，不識好人心」之意思。

◎「好種怀傳，孬（ㄆㄞ）種不斷。」

　　「孬（ㄆㄞ）」即歹、壞、不好之意。這句是比喻善良的好人（或是基因優良的人）沒有傳續後代，而行為不端者（或是智商中下者）卻反而生很多的意思。這是人競天擇的反常現象，令人嘆惜。與另一句「好人快死，壞人慢死」，「好瓜無子，壞瓜厚子」用意相同。

◎「好酒沉甕底，好戲在戲尾。」

　　好的酒都沉在甕底，好的戲都會排在戲尾，戲的結束之前是最精采的部份。這句是比喻好的節目都安排在後面，例如摸彩時，最大的獎項一定是最後才摸，原因就是要留住觀眾。

◎「雨蠅舞屎杯。」

　　「雨蠅」即蒼蠅。「舞」即舞動之意。「屎杯」即盛裝屎之器皿。蒼蠅想要舞動屎杯是極不可能的事。此句通常譏諷自不量力者的用語。

◎「一個嘴,含一個舌。」

　　一個嘴巴內含著一個舌頭。此句是形容一個人不善於言詞,不愛講話。而另一句「一嘴掛雙舌。」意思正好相反,此句則是形容一個人不但善於言詞,而且是舌燦蓮花,口若懸河,能將死人說成活人一般,這種「一嘴掛雙舌」的人,多半指的是擅長法律訴訟、富爭辯之才的人。

◎「一個錢拍二十四個結。」

　　此句是先家翁任璽公生前常說的俗語,他老人家告訴我們說:古時候用的銅錢中間都有小孔,用細繩子穿起來,一般是每十個銅錢打一個結。此句「一個錢拍二十四個結。」是形容一個極端吝嗇的人,對錢是有入無出,視錢如命,捨不得花用之譏諷詞。

◎「一個剃頭,一個扙耳。」

　　我婆婆常吩咐四小叔和五小叔各自去分辦一件事,可是兩位小叔總是焦不離孟,孟不離焦似的同時間先去做好一件事後,再同時去做另一件事。明明一件事一個人就可以做好的,何必要浪費兩人的時間?所以我婆婆就會罵上他們這句:「你倆個死囝啊!每次叫你們做事情,都要一個剃頭,一個扙耳,不會自己去做嗎?」用此語表示工作效率差的意思。

◎「鳥仔傍冬熟。」

　　「冬」指農作物收成的季節。鳥兒倚靠著農夫一年各季農作物收成時，不管是高粱、玉米、大小麥、稻子、粟、豆類……等成熟時，鳥兒們皆可大飽口福一番。

◎「城隍爺ㄟ骹尻，汝也敢摸。」

　　「城隍爺」據說是受天上玉皇大帝指派為代天巡狩，專司對付惡人的神。「骹尻」即屁股。本縣每年的農曆四月十二日是浯島城隍爺出巡的大日子，今年在李縣長沃士先生的大力主政下，更較往年不尋常，由金城鎮主辦的「迎城隍千人蜈蚣座」將申請列入金氏世界紀錄，兩岸三地的各方城隍爺受邀請，聚集交流來到金門一起出巡更是盛況空前，連馬總統也特電視賀，李縣長沃士先生為此大樂，實增添了金門城隍爺無上的神氣與光彩。可見大家對城隍爺之崇敬與信仰。「城隍爺ㄟ骹尻，汝也敢摸。」這句是形容一個人膽大包天，胡作非為，竟敢「在老虎嘴上拔虎鬚」，或是「在太歲頭上動土」的意思。也有另一句語義相同的俗語：「城隍爺ㄟ頭殼頂，汝也敢挲（抄ㄙㄨㄛ──撫摩）。」

◎「餓繪（ㄇㄟ）死，脹未繪（ㄇㄟ）肥。」

　　整句是形容一般公務人員，靠每月領政府薪水養家活口的人一種自謙的話，意謂靠薪餉的收入，只能維持一家人的生活基本開銷而已，不能像做大生意或資本家那樣日賺萬金之人那樣的富有，可以穿金戴銀，吃喝玩樂，隨心所欲。

◎「牛蜱，有入無出。」

　　「牛蜱」是一種在牛身上的寄生蟲，專門吸牛的血，對牛一點也沒回饋與好處，所以「牛蜱，有入無出。」這句俗語常被用來專罵一種人，這種人即是只會從別人身上得到好處，而且是貪得無厭，若要他拔一毛而有利於天下，他一定不為的人。另外也在形容一個十分吝嗇的人，一輩子只知拼命的賺錢，但是一毛不拔捨不得花，跟「紅腳銅，要吃人」意思相似「有入無出。」

◎「牛無牽過溪，屎尿怀願（敢）放。」

　　這句是說有些牛的習慣很奇怪，若沒牽牠過溪，牠就硬忍著，不願（不敢）把屎尿放出來，對於這種牛，只有牽牠過溪去，屎尿才願（敢）放出來。可是對於屎尿（不敢）放的牛，又有一種說法，可藉此俗語來形容對於一個責任心很重的人，一旦他做起事來，是會廢寢忘食的，有時候真的連停下來解個手的時間都捨不得。

◎「差牛去跋馬，馬去連牛無。」

　　「差」差遣也。「跋」追趕也。大家都知道，馬兒一向跑得比牛快，馬兒跑了，竟差遣牛去追趕，如此不但無法追到，反而連牛也失去蹤影。此句常被用來暗諷一個人的處事不當，結果是落得兩頭空的窘境。

◎「牛瘦無力，人散白賊。」

　　「散」貧窮也。「白賊」撒謊之意。牛瘦弱就一定無力氣。人窮了就會常說謊話來吹噓。

◎「海底摸針。」

　　在大海底去摸針，是不可能的事。此語是形容一個人花費很大的力氣去做絕不可能完成的事說的。

◎「蝦看著倒彈，蟳看著噴涎，雞看著拍閣雞，狗看著吹狗螺，大人看著蹬那坐，囝仔看著做狗爬。」

　　這句是形容某種令人會起反感的東西，或是某種極端令人厭惡之人，也就是令大家都討厭的事物。連同讓瞎子看到了會倒彈逃走，蟳仔看到了會作噁噴涎，雞仔看了會被驚嚇的拍閣雞叫不停，而狗看見了就像見到鬼一樣的吹狗螺，叫聲很可怕。大人看了嚇得呆坐再那兒一動也不動，而小孩子看到了，也被嚇的做狗爬，趕緊要逃開之意。

◎「腳乾手乾，高椅坐，低椅仔墊腳，食飯配雞腳。」

　　「腳乾手乾」指不用自己洗衣服，以前洗衣服大部分要到大水塘或到溪河邊去洗，手腳都要沾水。這句話是用在女孩子出嫁前，娘家對女兒的祝福與期望。本人是過來人，有此經驗，即在未被迎娶出門之前，在閨房內，母親要我坐在高（交）椅上，再拿一張小低椅，兩腳放在低椅上，同時吃著飯和雞腿（連著雞爪），母親在一旁口中就唸：「腳乾手乾，高椅坐，低椅仔墊腳，食飯配雞腳。」，母親愛女之心終脫不了俗，期望我嫁入王家之後，能過富裕的生活。

◎「腳緊手呣緊。」

　　「腳緊」即「卡緊」、「快快」催促之意。「手呣

緊」是手上正在忙做其他事。此句是用在當某人甲要拜託某人乙有急事請其幫忙時，而某人乙正巧手中真的正在忙做別的事，此時某人乙就會回說：「失禮啦！腳緊手嗯緊。」

◎「孤鳥插人群。」

　　「孤鳥」指無力續飛失群的飛鳥，因跟不上同類的鳥群，只好插入不熟的鳥群中和別種的鳥一起飛。此句用來比喻孤單的一個人去到一個陌生的地方，全都是不熟悉的面孔，真是舉目無親，孤單無伴，真有「孤鳥插人群」之嘆！

◎「割人的稻仔尾。」

　　「稻仔尾」即稻穗也，農人辛苦耕種的稻子，從播種、插秧、施肥、除草……等工作，好不容易等到稻穗已成粒，快到收成的地步，卻被不勞而獲的有心人，把成熟在即的稻穗全部割走了，這不是搶奪別人辛苦努力的成果嗎？

◎「打人喊救人。」

　　這句是指是非顛倒，動手打人的人顛倒先喊「救人」，說他被打。與「做賊喊抓賊」意思相同，真是賊卡惡人。

◎「尋孔尋縫。」

　　「尋孔」找尋小孔隙。「尋縫」找尋小裂縫。二者都是比喻在尋找別人的弱點，以便像水一樣的找小孔、小裂縫趁機滲透攻擊。這句在形容一個人，其動機不

善、存心不良，專門故意找碴，這種到處要找欲加害對象的隱私，並收集其把柄，以待機加害的行徑，就叫做「尋孔尋縫。」

◎「殺豬也這身，拜佛也這身。」

這句是諷刺一個人對穿衣的隨便而且不知適宜的禮數。殺豬時穿的衣服，要去拜佛時理應換件像樣而且乾淨的衣服才是對佛的禮敬，可是一向隨便慣了的人就是「殺豬也這身，拜佛也這身。」拿他一點辦法也沒有。

◎「擲驚死，放驚飛。」

此句原意是說抓到鳥仔在手中，擲緊怕擲死，手若放鬆又怕會被飛走。此句常被用為形容面對兩難的困境時，不知如何來處理。

◎「豬呣食，狗呣哺。」

這句是用來指責批評某人所煮的菜有夠難吃，連豬、狗都不吃。曾經有一位苛刻的婆婆對媳婦是百般的挑惕，凡是媳婦煮的飯菜，她都要批評一番，一點兒愛心都沒有，不存長輩教導晚輩之責，僅是用責備護罵來對待，媳婦煮的菜明明已吃在嘴裏，她也是照講：「煮這什麼鬼東西，簡直是豬呣食，狗呣哺。」這位媳婦說來也頗值同情，在未出嫁之前，原是父母的掌上明珠，自小就上學讀書，家事從不用插手幫忙，所以廚房的事一點兒也不懂，剛嫁為人媳自然作任何事都沒經驗，曾經將瓠仔光光滑滑，無削皮就煮，讓婆婆罵，之後看見苦瓜其皮貓貓氌氌凹凸不平就刮去皮再煮，同樣遭婆婆

大罵：「妳是號呆鬼，苦瓜的皮營養最多不知道嗎？妳
娘家老母都沒教會做事，真是七做八唔對。」後來有一
天，先生拿了一包茶葉要媳婦去「煮茶」請客人喝，誰
知這寶貝媳婦將整包茶葉全倒入茶壺和水一起煮沸，先
生見狀生氣地也搖頭歎息，此時婆婆速趕前來，一面順
手撈起幾片茶葉往嘴裡塞咬；一面幫腔道：「莫怪妳要
被挨罵，妳就是偷懶，應該把茶葉煮爛一點。」看官
們！自以為樣樣通的婆婆，總算也有不懂事的時候，出
糗了吧！茶葉豈能煮爛一點？（搏君能一笑）。

◎「手骨屈入無屈出。」

　　「手骨」指手胳臂。通常人的胳臂都是向內彎曲，
除非是有軟骨功夫的人，否則無法向外彎曲。此句用來
比喻一般人，總是袒護自己人的狀況下說的保證話語。

◎「嘴未擘開，嚨喉鐘仔著看現現。」

　　「嚨喉鐘仔」是指嚨喉頭。嘴巴尚未張開，而嚨喉
鐘仔就已被看見了。此句表示對你的的為人處事風格太
了解，意思是你的話還沒說出口，別人早已知道你要說
什麼話了。

◎「近的怀買，跑去遠的賒。」

　　「怀」不也。附近處可以買到的物品不買，反倒跑
到遠處去賒欠。此句暗諷對於因小失大、不懂見機行事
的人之批評用語。

◎「一口鼎，煠一粒鴨蛋。」

　　「煠（ㄧㄝˋ）」即用水清煮食物。一口大鍋子的

開水，只用來煮熟一個鴨蛋豈不是小題大作嗎？有些人就是很奇怪，專門愛做一些事倍功半的行徑，此時即可用「一口鼎，煠一粒鴨蛋。」來譏諷他的小題大作、不懂得分寸又浪費。

◎「死鴨仔，硬嘴杯。」

　　「嘴杯」指水禽類的動物都有扁平的上下兩片嘴板。鴨子死了，全身都變柔柔軟軟的，只有扁平的上下兩片嘴板依然很堅硬。這裡用來形容一個做錯事情而死不認錯的人之行為。也是比喻一個完全沒有實踐做事能力，而只剩一張好辯的硬嘴巴而已。與另一句「全身死了了，只剩一支嘴沒死。」意思一樣。

◎「豬頭不顧，顧鴨母蛋。」

　　古早時候一般大禮的拜拜要用「五牲」，把原來的三牲（豬肉、雞、魚）的豬肉改用豬頭，其他各牲可任人選用雞、鴨、魚、鵝、魷魚或雞蛋、鴨蛋等來充當牲禮，因拜拜都擺在戶外門口，需要有人在　旁看著，以避免貓、狗來偷吃或咬走，這些祭品中，雞、鴨蛋有殼又小，豬頭當屬最大最值錢，假使有人只顧鴨蛋而不看顧豬頭，是不是「顧小失大」？此語乃借用來嘲諷對一個本末倒置、不懂得分輕重的人時之用語。

◎「死豬鎮砧。」

　　死豬照理應該埋葬掉，卻拿來鎮放在肉砧上，不但妨害衛生、妨礙工作，還驚走客人。「死豬鎮砧。」是藉來謾罵一些無用的人渣卻佔著重要的職位不離去的暗諷語。

◎「先生緣，主人福。」

　　「先生」是指醫生。「主人」是指生病的患者。醫生的醫術端看與患者的機緣如何，並非同一個醫生的醫術就能治好所有的病患，有的病人是「臭頭仔厚藥」，這個醫生看不好，換了幾個醫生仍然醫不好，最後終遇有一位醫生把他醫治好，這可以說是患者的福氣。此時即可對他說：「恭喜！真是先生緣，主人福。」

◎「土地公白目眉，無人請自己來。」

　　「土地公」即是福德正神，是民間人人家裡及各村宮廟必供奉的神祇。大家都知道，土地公外貌是眉毛和鬍鬚都是白色的，長相慈眉善眼，人人喜歡向他膜拜。此語是當自己在成為不速之客的場合時，要進與退都兩難的情況之下，可用「土地公白目眉，無人請自己來。」的話來化解這不速而來的尷尬場面。但有些時候，主人對一些不請自來的懊客，也可用此句話來批評這些所謂「大面神」的討厭鬼。

◎「唔識唔驚，愈識愈驚。」

　　「初生之犢不畏虎。」這句是形容一個出世不久，尚無處事經驗的人（俗稱菜鳥）比一個經驗老到的人（俗稱老鳥）還敢發表對事情的看法或意見，因為他「唔識唔驚」，而經驗老到的人（老鳥們）對問題的複雜與困難性較能去深入考慮周全，所以對於提各種意見，尚要顧慮其造成的後果之嚴重性而小心謹慎，因為他們是「愈識愈驚」。

◎「是佐料夠，唔是媳婦搫。」

　　「佐料」是烹飪菜餚時的配料，如香菇、薑、蔥、蒜……等。請客時，主人使出渾身解數及看家本領，煮出一手好菜來招待客人，客人吃了大讚味美好吃，此時主人聽了雖然心裡很爽，但是也要略表一下謙虛，就會說：「是佐料夠，唔是媳婦搫。」；可是同樣這句話若是換成一個尖酸刻薄的人講出來時，意義就不是謙虛，而是忌妒，例如他會說：「這些菜是很好吃沒錯，主要是佐料夠，唔是媳婦搫。有這麼多的佐料，換成是我，說不定做得比這些還更好吃十倍。」同樣一句話說在不同人的嘴，意思就差很多。

◎「上天無步，入地無路。」

　　此語是形容一個人已到了身陷絕境的困境，欲上天也無門，退而要下地也無路可通，已到了山窮水盡的絕境地步，也可以說與「叫天天不應，叫地地不靈。」意思同樣的悲慘。

◎「青暝查某，認唔著客兄。」

　　「青暝」意指眼睛盲者，在這指很糊塗的人。「認唔著」是認不對、認錯人。「客兄」是指姘夫。一位很糊塗的女人，竟連自己的姘夫都給認錯人，簡直是笑死人了。其實在日常生活當中，常會用這句「青暝查某，認唔著客兄。」來戲謔一些因糊塗而認錯人的語詞，並不一定是專用在女子身上。

◎「狗屎埔，變狀元地。」

　　「狗屎埔」指原本雜草欉生，平日人煙稀少，僅野狗在此大小便的偏荒之地。「變狀元地」因為都市計劃的需要，將原為狗屎埔的偏荒之地，一下子規劃建成為有用處的建築物，如現在的金湖國中，那湖中周邊的地隨之湖中的建校，也被開發為高級住宅地段，原有土地權的主人一下子就水漲船高變成有錢的「田僑」了，「狗屎埔，變狀元地。」這句在談論一塊荒地因變化之大出乎意料之外的有價值時之形容用詞。

◎「九月九晾日，十月日生翅，十一月懶惰查某理繪（ㄇㄟ）直。」

　　「晾日」意指日曬時間短暫。「日生翅」形容太陽（時間）像長了翅膀一樣飛也似的過得很快。農曆九月份以後，白天的時間越來越短，時間就像是生了翅膀一樣的飛快消失，家庭主婦要是手腳不夠靈活的話，恐怕煮三餐、料理家務瑣事就會來不及做好，天就黑了。

◎「虎無展威，看做厝內貓。」

　　「虎」其外形像貓，食肉類猛獸，性殘狠，力猛，能吃人畜。「貓」食肉類家畜，善捕鼠，性溫馴。老虎不發威，被人當成家裡的病貓看。此語是藉虎、貓來影射一個單位的主管，如果個性太過善良又柔弱時，不厚道的部署就會把主管當成病貓看待，這是人善被人欺的寫照。可是有一天把主官惹惱了，主官可能就會說：本人是有修養，你們不要錯把「虎無展威，看做厝內

貓。」看待，適可而止就好，別欺人太甚。

◎「唔食牛犬，功名燴（ㄇㄟˋ）顯；食了牛犬，地獄難
免。」

　　「燴（ㄇㄟˋ）顯」即不能顯赫。不吃牛肉和狗肉，
功名成就難以顯赫；但是吃了牛肉和狗肉，就會犯了誠
律，死了以後是會下地獄受苦刑的。這句俗語常被用在
面臨進退兩難的狀況之下說的。

◎「虎頭蛇尾。」

　　是形容一個人做事有頭無尾，剛開始時是興致勃
勃，到了後來就興趣缺缺，如同頭仔興興，尾仔冷冷，
又義同「虎頭鳥鼠尾」，皆是有始無終之意。

◎「生米，煮成飯。」

　　生米已經煮成了熟飯。此句常用來比喻事情已造成
事實而且已無法挽回。例如：某人有女兒已經和男友相
愛且已「珠胎暗結」，此時父母再表示反對意見，旁人
就會以「生米，煮成飯」來相勸，意似「木已成舟」，
就順其自然吧！正如另一句「米已煮成飯則喊休。」已
經來不及了意思是相同的。

◎「人佇食米粉，你佇喊燒。」

　　「佇」即在也。別人在吃米粉，你在一旁喊燒。意思
是根本不關你的事，你又何必在一旁喊燒喊冷呢？豈不
是多管閒事多吃屁嗎？此句常用於勸人少管閒事之詞。

◎「好人叫休聽，鬼叫喀喀行。」

　　「休聽」是相應不理會。「喀喀行」是形容全力回

應並急速跟著走的意思。「鬼」在這裡指的是壞人或惡
徒。此句形容有的人很無知又很奇怪，好人叫他或勸導
他去做一些對他有利的話，他偏不聽從；而心地不懷好
意的人若一叫他，就像被鬼迷心竅的一樣，很快的跟著
走或是聽從的去做某些事。此即叫著「好人叫伓聽，鬼
叫喀喀行。」的寫照。

◎「人客來則掃地，人客去則泡茶。」

　　客人已經來到家了，才要去掃地整理客廳以待客，
客人來了，也寒暄好了就要離去了，才要去煎茶請客人
喝。這兩件事情處理的時機都很不恰當。此句用詞是提
醒做任何事情都要事先做好準備，不要等到「人客來則
掃地，人客去則泡茶。」雖然同樣都有想到應該去做好
的事，但是時機不對就白費工夫了。因為做為人妻，若
是有如此行為定會讓丈夫顏面盡失，也不會得到家裡婆
婆的疼愛，因為太不識大體了。與另一句俗語「賊去狗
才吠。」同意思，祇是前一句指的對象是人，而後一句
罵的對象是狗，但比喻的意思相同。

◎「人心肝，牛腹肚。」

　　牛的軀體很龐大，腹肚包含胃腸自然也很大。此句
用牛的腹肚來比喻人的心肝，是形容貪婪的人心、慾望
比牛的腹肚還要大。與「人心不足蛇吞象」意思相似。

◎「人講天，你講地。」

　　天與地之間相隔有多遠？不知道。也許是在極端的
兩邊。「人講天，你講地。」意思是指有人專門愛唱反

調，處處說反話，就如現在的執政黨與在野黨，每天在議事殿堂上、電視畫面上、或是各大報紙上所發表的言論，真的是「人講天，你講地。」純為了反對而反對，永遠都是在打口水戰，其爭吵不休的話題，真是煩死人了。

◎「未曉駛船，嫌溪窄。」

　　「未曉」即不懂得。是形容不懂得行駛駕船的技術，卻嫌溪河太窄狹、河道太彎、河水太淺……等藉口理由來為自己掩護不懂得行駛駕船技術的人。也可用在對於一個永遠不承認自己有缺失而硬要找許多理由來掩飾自己的過錯時，也可說上一句「未曉駛船，嫌溪窄。」

◎「來無躊躇，去無相辭。」

　　這句是說：要來之前也不事先告知一下，忽然間沒預警就來了。等到要離開了，也是沒打一聲招呼就靜悄悄的離去。此句形容一個人的行事作風來去匆匆，讓人無法意料及捉摸不定，就像是一陣旋風似的。

◎「白白布染到黑。」

　　此句是說把一塊白白的布，硬是加上顏料浸染到變成黑色。其實是借用「白白布染到黑。」這句俗語來形容某人真得是無辜受冤、受委屈、受誣賴的意思。

◎「世界講小嘛真小，天邊海角遇會著。」

　　浩瀚的宇宙世界其實很大，但是地球是圓的，「世界講小嘛真小，天邊海角遇會著。」人與人能夠認識相處，貴在有緣，「花無百日紅，人無百日好。」「人在公門好修行」「囂張無落泊ㄟ久」，做人要厚道，否則為非作歹「雞仔腸，鳥子肚。」逞一時之快，後果禍及子孫遭殃，豈不自做孽不可活？何況「世界講小嘛真小，天邊海角遇會著。」，當你遇到曾遭受被你惡意打擊的人時，相信難過自責內疚的人一定是你，絕對不是她（他）。

◎「食省草，犁摼走。」

　　「省」即節省也，「摼」指能力高強。一頭食量不大卻耕作能力很強的牛是主人最喜歡的。此句常被借用來讚美某人條件優越又兼具勤儉美德。現在僱主若聘請到一位能力很強的伙計，又不用付給高薪的情形，也可用「食省草，犁摼走。」來比喻聘請到一位好的夥計。

◎「就伊的土，糊伊的壁。」

　　此句是作媒人時常聽女方家長說的一句話。當女方收到男方送的聘金後，即著手準備嫁妝，而「伊的土」所指就是「聘金」。整句意思是女方家並不富裕，也沒

陪嫁很多，男方送的「聘金」，我們就用來添購嫁妝，再運送回去男方家的意思。並不是真的用他的土去糊他家的牆壁。

◎「講一個影，生一個囝。」

此句原本是責罵一些捕風捉影、假戲真做卻信以為真的人「黑白講」。比喻不可偏聽、偏信之意。但是今天在這，「講一個影」是指因為婆婆平日和我們在家隨意講的一些俗語話。「生一個囝」則是說被我寫成俗語集錦文章又被金門日報副刊登載出來的意思。

◎「卜講到你識，嘴鬚著打結。」

「卜」即要也。要講到讓你明白，我可能要花上很長久的時間來說明，也許連鬚鬚都長得可以打結了。此用句有諷刺對方見識不廣，反應遲鈍，理解力差的意思。

◎「人講鱟瓠，你講飯籬。」

「鱟瓠」是古時候用鱟的殼或是用瓠瓜的外殼當作盛水的器具。「飯籬」是用細竹條子編成篩籬用的器具。整句意思是「答非所問」，別人講東，你偏講西，一點交集都沒有。有點人說天，你道地的情形。

◎「倌瓶的蔭三分。」

這句是指以前專門倌酒瓶負責倒酒的人，可以對自己便宜三分，也就是倒給自己的酒可以少一點，以免自己先醉倒，就無法招待客人了，所以說：「倌瓶的蔭三分」。

◎「有嘴講別人，無嘴講家（自）己。」

人生一張嘴巴，除了吃飯之外，最愛說東說西，而且愛批評別人的缺失，卻從來不知檢討自己的缺點。例如：洋人鄙視中國人吃狗肉不人道。可是洋人愛賽馬，使馬的體力速度達到極限，常令馬兒骨折腿斷，再予以槍殺，也有西方國家專門養馬長大後再殺來吃，這就很人道嗎？這不是有嘴講別人，無嘴講家（自）己的最佳寫照嗎？。

◎「刺鞋合著腳。」

以前人們所穿的鞋子，無法像現在用買現成的，任何大小尺碼、材質、款式樣樣齊全，任君選購，只要錢準備得夠，以前是用布料、針線做鞋子，事先也沒測量腳的大小，等到鞋子做好了卻剛剛好合適著腳，這就叫「刺鞋合著腳。」，我家婆婆常會接著說一句：「密（音ㄇㄚ）閣撒（ㄙㄚˋ）。」因為她以前也是為孩子們刺鞋穿的高手。

◎「半暝出一個月。」

「半暝」即半夜。在半夜裡竟出了一個月亮。這句是形容一件令人出乎意料之外的事，叫「半暝出一個月。」

◎「草索看做蛇。」

把一條草繩子看成是一條蛇，嚇自己一大跳。比喻大驚小怪之意。

◎「儕虱燴（ㄇㄟˋ）癢，儕債燴（ㄇㄟˋ）想。」

　　「儕」即多之意。一個人的身上若虱子長得很多，反而不會感到痛癢，債務欠多了反而不會去擔心被追討債務。言下之意是說已經成為習慣，凡事已經無所謂了。

◎「臭頭ㄟ遇霸（ㄅㄚ）。」

　　「臭頭ㄟ」指頭上生爛瘡的人。頭上生爛瘡的人已經很痛，在遇上別人不知情的情況下，又被狠狠往頭上打一下，豈不是雪上加霜，使原來的痛上更痛嗎？此語常用在比喻「屋漏偏逢連夜雨」的困境之感歎詞。

◎「見面三分情。」

　　人與人相交往，是必須經常連繫才能產生感情的，一但有事要相拜託，好朋友見見面，總會有人情在，事情比較好解決的意思。

◎「舉香跟（ㄅㄜˋ）拜。」

　　「跟（ㄅㄜˋ）」指跟著人家做一樣的事。地區每年四月十二日城隍爺出巡時，眾多的信男信女隨著城隍爺出巡遊行的隊伍，大家手上都拈舉著香跟著隊伍走，是「舉香跟（ㄅㄜˋ）拜。」最具體的寫照。比喻不必擅自作主張，凡事跟著別人一起去做就對了。

◎「驚跋落屎礐，伓驚火燒厝。」

　　「跋落」急跌落、掉下。「屎礐」古時候廁所之通稱。這是暗諷一個家徒四壁的窮光蛋，每天穿著體面在外閒逛，到處吹噓，就怕不小心跌落廁所，弄髒整身衣服，根本不怕家裡被火燒，因為家裡什麼東西也沒有。

◎「搶年搶節。」

　　「搶」是相爭的意思，在這指「爭著買」。逢年過節時，許多商人常常乘機抬高物價，因為過年前購買的人多，尤其是菜市場的各類生鮮魚貨，顧客在擁擠又匆忙中，賣的商人故意偷斤減兩，可是顧客因怕慢了就買不到，大家還是爭搶著買，這種逢年過節時，賣的商人故意偷斤減兩的行為就叫著「搶年搶節。」

◎「看懸（ㄍㄨㄞ）無看低（ㄍㄟˋ）。」

　　「懸（ㄍㄨㄞ）」即高也。「無看」即不看。看高不看低。比喻勢利眼的人，對上級是百般的諂媚，對下屬則是處處無端的欺侮、刁難，真正是「看懸（ㄍㄨㄞ）無看低（ㄍㄟˋ）。」

◎「門扇板斗（ㄅㄠˋ）怀著片。」

　　「門扇板」即門板，古時候一般的舊式門大多是屬於兩片門板。「斗（ㄅㄠˋ）」是套或是逗合在一起。整句是說兩片門板裝錯了，配搭不合。此語常用來比喻夫妻個性、習慣、見識等不同致意見格格不入。

◎「佝戲攀拖棚。」

　　「佝戲」即壞戲，劇情、角色演技水平都很低的戲。「攀」比較會的意思。「拖棚」即在戲臺上拖延時間。演不出好戲來，卻偏要在戲臺上拖延時間，真是討人嫌、顧人厭。

◎「佝佝人客較贏好好親家。」

　　「佝佝」指不好的。「人客」指的是顧客。「較

贏」指勝過。「親家」是子女婚嫁配偶的雙親眷屬之稱謂。這是一句譏諷勢利眼、唯利是圖的生意人的眼中，認為顧客雖然態度語氣不好，可是有錢可賺；親家人雖好，來到家裡還是要破費招待一番。簡單的說：「在勢利人的眼中，好親家還不如來個壞顧客。」

◎「佝瓜厚籽，佝人厚言語。」

　　「厚」是指「多」的意思。是說劣質的瓜一定是籽很多，而壞人一定是話很多。

◎「看卜（ㄇㄜ）死豬哥，抑卜（ㄇㄜ）死豬母。」

　　「卜（ㄇㄜ）」即要也、欲也。「抑卜（ㄇㄜ）」即或是要。這句是說：「看是要豬哥你死，或是要死我豬母。」有拼個你死我活、一決雌雄之意。

◎「扛轎伓扛轎，管新娘放尿。」

　　「扛轎」即抬轎。此句是說抬轎的人不好好做抬轎的事，反而去管新娘子要小便的事。此語在暗諷一個人不盡本職，反而去管份外之事。

◎「看人大細目。」

　　「大細目」即大小眼也。用大小眼看人。形容處事因人而異，看人大小眼，因人而設事，不公平也。又有「看人高低目。」之說，其意思相似是用高低看人。

◎「臭耳人，佼（ㄠˇ）彎（ㄨㄢˊ）話。」

　　「臭耳人」指耳朵有重聽的人，「佼（ㄠˇ）」是「善於」之意。「彎（ㄨㄢˊ）話」是錯誤意會別人的話意而自為說詞。「臭耳人，佼（ㄠˇ）彎（ㄨㄢˊ）

話。」是說一個耳朵有重聽的人，常常錯誤意會別人的話意而答非所問，經常鬧笑話。

◎「紅柿好食，對著起蒂。」

「對著」是從何處之意。「起蒂」，「蒂」與「致」同音，所以「起蒂」、「起致」即是「由來」。一般人吃柿子時，常先把原本接連樹枝的蒂拔除，然後從蒂口慢慢將整顆柿子吃完。此語是反諷責罵人有忘恩負義的意思。言外之意是說：「當初若非有我幫助提拔，你那會有今天？」

◎「目睭出火金星。」

「目睭」即眼睛。此句是說一個人等待盼望已經很久了，心裡實在很著急，所以因心急就眼睛看花了像是冒火金星一樣的形容詞。

◎「落水無一位燒。」

「落水」即下水之意。「無一位」即無一處之意。「燒」指「溫暖」。整句是說：下到水裡面，沒有一處是溫暖的。此句是形容一個人的遭遇到處逢到難題，到處碰壁不順，運勢背到極點，得不到半點同情與溫暖慰藉的感嘆語詞「落水無一位燒。」例如：一位婆婆到了年邁行動無法自理時，雖有兒媳女兒多個，可憐大家都不願接納奉侍這位老母親，此時這位老母親就會感嘆的說：「飼囝無路用，咱老了就該好死了，怀通互我落水無一位燒。」

◎ 「九領牛皮做一下趕。」

　　　「領」即張也。「一下趕」即一次剝。九張牛皮做一次剝。比喻新賬與舊賬一次就算清的意思。

◎ 「伓知一個芋仔蕃薯。」

　　　是形容一個什麼都不懂的人，連芋頭與地瓜都分辨不清，真正是愚笨到極點了。

◎ 「伓知天地有幾斤重。」

　　　其實天地到底有幾斤重？有誰能知道？在這是借用「伓知天地有幾斤重。」來暗諷一個不明事理而且處處自以為是的人兒說的俗語話。

◎ 「伓知是熊還是虎？」

　　　此語是說不知對方是熊還是虎？到底是何等人物，真相不明之比喻也。

◎ 「伓是哮（ㄏㄠˋ）就是笑，伓是屎就是尿。」

　　　「哮（ㄏㄠˋ）」即是哭。此句是形容嬰兒哭與笑很無常，拉屎拉尿也無定時，照顧起來真是不容易啊！莫怪另一句俗語說：「甘願去擔人一石米，也唔擔領一個囝仔痞。」

◎ 「目睭掛九界，看人物（ㄇㄧˋ）阿就愛。」

　　　「目睭」即眼睛。「掛九界」形容戴上放大鏡一樣。是說一個人好像眼睛戴上放大鏡一樣，凡看見別人的東西就想要。此句是比喻貪得無饜，不是該要的東西也想要。

◎「腳踏別人地，頭戴別人天。」

　　此句是長輩對晚輩要出遠門到他鄉去謀職，或是要去寄住別地的親戚朋友家之前的告誡話，意思是：以後將是寄人籬下，「腳踏別人地，頭戴別人天」，一切不比在自己家，千萬要懂得「出門觀天色，入門要看臉色」，凡事要察言觀色，懂得分寸，日子才能好過。

◎「媄花開佇別人欉，媄某住佇別人房。」

　　「媄花」指又香又好看的花。「佇」即在之意。又香又好看的花是綻開在別人種的花樹上，賢慧又漂亮的美嬌娘是被娶在別人的洞房裡。此句是隱喻一個只知羨慕他人，不知珍惜自己已擁有的嘲諷話。

◎「時到，花著開。」

　　此語常是用來安慰人的話，意思是說「時機來到的時候，好運就自然跟著來了。」

◎「人無千日好，花無百日紅。」

　　語云：「天有不測風雲，月有陰晴圓缺。」「人生不如意事常十之八九，花有花開花謝之時。」所以一個人，不可能永遠是好運，一直過著好日子，就像花朵一樣，也沒能永遠嬌豔動人。

◎「無生半隻蟑螂（ㄍㄚ ㄓㄨㄚ）。」

　　意思是沒有生出半隻蟑螂（ㄍㄚ ㄓㄨㄚ）。此語用來形容一對夫婦結婚許久，還沒能生下一兒半女的說詞。或用另一句「連一粒雞卵嗎生繪（ㄇㄟ）出來。」同意思。

◎「秋蠓，較惡牛犅（ㄍ尢ˋ）。」

　　「秋蠓」秋蠓就是秋天的蚊子。「牛犅（ㄍ尢ˋ）」是指雄壯的大公牛。整句是說秋天的蚊子是特別的兇惡，叫聲也特別的大，一經被他叮咬，皮膚就會立即紅腫而且很癢，所以就以「秋蠓，較惡牛犅（ㄍ尢ˋ）。」來形容秋天蚊子的厲害。

◎「糊（ㄏㄨˊ）蠅，貪甜。」

　　「糊（ㄏㄨˊ）蠅」指蒼蠅，性喜甜與臭。句子解釋：蒼蠅最喜歡甜膩的食物。但此句常被引申為好色之徒（蒼蠅），每每覬覦（貪）漂亮的美色（甜）。

◎「糊（ㄏㄨˊ）蠅，蠓仔，颺颺飛。」

　　「颺颺飛」即到處飛揚狀。形容蒼蠅、蚊子很多，到處飛舞的意思。此句也被藉物擬人之用。意思是說外面的世界到處都有好色的歹徒壞人在，年輕貌美的女孩要別小心謹慎，否則「糊（ㄏㄨˊ）蠅，貪甜」，千萬可別被盯上。

◎「貓，數想豬肝骨。」

　　「數想」即癡心妄想、或非份之想。貓常做白日夢，癡心妄想的想吃豬肝骨。與「癩蛤蟆想吃天鵝肉」意思是一樣的。

◎「斗門路黏，斗門祖囡無塊（ㄅㄜˋ）嫌。」

　　「祖囡」即指女兒。「無塊（ㄅㄜˋ）」是說無處、沒有地方之意。這句是說：斗門村對外的道路雖然很黏不好走，但是斗門養出來的女兒真正沒得嫌。據說

以前斗門村莊在未經地殼變動之前原是大海，所以太武山上才建有『倒影塔』。後來，海水消退，海底浮現變成丘陵地，才開始開墾形成聚落村莊，成村不久的斗門，也許對外的道路，因海土泥濘不堪，很黏不好走，但是住這村莊的女兒，從小就與家人吃苦耐勞，粗細活樣樣能幹，所以一時之間，斗門村初長成的閨女們，就成了地區各村男孩子擇婚選娶的對象。因當年大部分都以務農為業，選娶能幹又能吃苦耐勞的媳婦，可說是祖上有積德。所以才有「斗門路黏，斗門祖囡無塊（ㄅㄜˋ）嫌。」的俗語出現。本人也身為斗門村的女兒，也沾光不少與有榮焉。

◎「水雞笑蟾蜍無毛。」

　　「水雞」即青蛙，背部呈綠色，腹部白色。「蟾蜍」即癩蛤蟆，背部呈褐色。二者皆屬水、陸兩棲卵生動物。外型體短而闊，前肢小有四趾，後肢大有五趾，趾間有膜，幼蟲叫『蝌蚪』，專吃害蟲，有益於農事。其實兩者身上都沒長毛。「青蛙譏笑癩蛤蟆身上沒長毛。」這句是人們藉物擬人來暗諷一些自己與他人患有同樣毛病或同樣缺點的人。與「龜笑鱉尾，鱉笑龜頭短。」、「半斤笑八兩。」是同意思。

◎「無某無猴。」

　　「無某無猴」意指鰥夫，形容沒有娶妻或殤妻的單身漢。

◎「老鼠哭貓假有心。」

　　人儘皆知，貓是最愛捉老鼠，老鼠應是最痛恨貓才對，所以「老鼠哭貓假有心」是用來暗諷一些虛情假意之人的形容詞。

◎「找和尚討虱母。」

　　和尚是把頭理得精光，根本不可能長頭虱，簡直是找錯對象或是找錯人了。

三、婚姻家庭篇

◎「粿愛會甜，查某愛會生。」

　　「粿」是用糯米、糖、麵粉做的糕點。不管是做任何一種粿，一定要夠甜才好吃；查某不管美醜、賢慧與否？一定要能生育孩子，因為以前封建舊時代，每一個家庭，都希望有子嗣接續香火，如果查某嫁為人婦後不能生孩子，即犯「七出」之條，可遭被休妻或讓夫再娶妾之命運。現今時代的女人可不一樣，不能生，可以去領養，況且醫學科技精進，一經檢驗，有時問題是出在丈夫的毛病；更何況目前尚有所謂的「頂客族」們，既是能生她（他）們祇要結婚還偏不生孩子哩。

◎「濟囝餓死唄（爸），濟新婦餓死乾家（婆婆）。」

　　「濟」即多。兒子濟（多）原本是有福氣的，有句俗話「加水加豆腐，加子加新婦。」，「孤子繪（ㄇㄟ）掠龍，濟囝怀（不會）認窮。」然而長大成家後，兄弟不同心又缺少愛心，娶了媳婦後又互相推諉，都不願意奉養年邁雙親，在不孝的子媳們對待之下，可能會因三餐不繼導致生病或餓死。同樣的又有人說：「濟新婦勞死乾家。」我想濟新婦在各懷私心又乏愛心的情況下，家

裡的大小家務事都互相推諉不做，乾家不得已樣樣須親自動手去做，當然就會太過辛勞，才會有「濟新婦勞死乾家。」的說法。

◎「未上棚先放尼。」

「尼」是閩南語音，是葫蘆科蔓生植物瓜果的胚胎。凡種瓜必須先搭棚架，讓瓜藤蔓攀纏上棚架才開花、放尼、結果。此句係反諷古代女子未婚先產子的行為是不被允許的。反觀現在奉子成婚，先上車後補票的已大有人在，見怪不怪。

◎「不孝新婦三頓（餐）燒（溫飽），有孝祖囝（女兒）路裡搖。」

以前女子嫁為人婦住進夫家，必要有煮三頓飯孝敬公婆的義務，同樣女兒一旦嫁出去夫家，也要負起煮三頓飯孝敬公婆的義務，如想要對自己娘家的父母孝順，就得專程回娘家，以前用步行走路，現在可乘用各種車子去，不管是走路抑或是坐車，總是要在路上搖來搖去備受路途舟車之辛勞。此句是「勸世及諷刺」的俗話，主要在提醒為人婆婆者要疼惜媳婦，凡事多體諒、多包容，再不孝順的媳婦，每日尚有三餐侍奉著，而再孝順的女兒也不能逐日回門來盡孝，現在的女性又身兼數職，家庭與職業兩頭忙，自己都忙的昏頭轉向，何來再有餘暇去顧到父母？

◎「查哺望人請，查某望生子。」

查哺（指男人）期待經常能去參加請宴，總比在家

吃得好；查某（指女人）則期待懷孕補胎、生孩子坐月子，既可休息免操勞家務雜事外，尚可得到婆家及娘家的做月子，尤其是重男輕女的舊時代，如果生男孩，還可以接受鄰里戚友贈送的坐月子禮物。反觀現今時代，此句可能對男女已不適用，因為健康概念，大魚大肉吃太多反而造成身體負擔，何況「少子化」的時代已來臨，多生一個孩子就多經濟負擔，愛美的女性又怕生多了身材會走樣。

◎「懶惰查晡愛種麥，懶惰查某愛作客。」

麥是禾本科穀類植物名，是我國北方的重要農作物，分人麥、小麥等，也是金門地區的主要農作物。為什麼說「懶惰查晡愛種麥？」。現任縣農會理事長陳國強先生在一月九日下午，有幸同時參加馬總統蒞臨烈嶼主持金門大橋動土大典後的返金專船上坐一起，特以「懶惰查晡愛種麥」的問題請教他，陳理事長告訴我說：因為種麥最簡單省事，不像其他農作物如花生要除草，地瓜要犁股、拾藤，高粱要刪移栽種使分佈平均……等繁瑣工作，而種麥只要將田地犁好，肥料撒一撒，再將麥種稍加浸水後播撒下去（大約是在農曆九、十月間），即等待隔年三、四月麥子成熟後即可收成，其實以前「麥秋」（收麥子的時候）時，舉凡拔麥、梳麥、曬麥、打麥、牆麥（將打過的麥用糞箕或糞斗盛麥舉高倒下麥子，讓風順勢把雜物吹走，只留下麥粒。）等工作都歸女人去做，所以才有這句俗語的流傳，現今

已有機械代為耕耘、收割、脫粒一氣呵成，又有化學肥料可用，政府又實施保價收購，所以勤奮努力打拼的男人更愛種麥了，放眼看金門，到處似乎全是麥浪一片。至於「懶惰查某愛作客。」這句意思是懶惰的女人愛回娘家作客，因在婆家為人媳、人妻、人母，除了要煮三餐外，山上的農耕收成要幫忙，家裡內外大小雜務無一樣倖免，還得看公婆及丈夫臉色，所以喜歡回娘家作客，稍給自己放幾天輕鬆快活假，這是以前婦女僅有的享受。可是現實生活中的我，倒不是愛作客，而是最愛去旅遊了。

◎「狗母無搖獅，狗公不敢來。」

　　這是藉狗喻人，隱指正式婚姻之外的男女不正常的苟合，古時候一般男女的調情，經常是男的主動，女的被動。如果是女的先愛上男的，女的可能用暗示的方法使男的方便求愛。整句解釋如果母狗不先「搖獅」（搖頭擺尾表示親熱），狗公自然不敢上來死纏。

◎「細膩貓，踏破瓦；細膩查某腹肚大。」

　　細膩是客氣又斯文，貓很會跳躍，走路無聲，一旦動情期到就會日夜不停的「叫春」，尤其在夜深人靜的晚上，那種呼喚異性求愛的淒苦叫聲，有時候令人聽了會起雞皮疙瘩。因為走來跑去太過頻繁，竟不知覺的把屋瓦都踏破了。事實上貓是不會踏破屋瓦。這整句俗語是用來影射某位表面上對異性很害羞、或是道貌岸然的人，其實有時候是色膽包天，越是表面羞答答的女人，

偷偷摸摸的做求愛的情事，不小心讓自己懷孕肚子大起來的妙喻。

◎「聽某嘴大富貴。」

　　「某」即太太，「嘴」即說的話，聽賢慧太太的話就會大富大貴，與另一句「聽某令卡好敬神明。」意思相似。

◎「大樹蔭宅，老人蔭家。」

　　「蔭」是庇蔭，「老人」指的是長輩，大樹枝葉茂盛會幫房子遮蔭，家裡若有一個長輩等於是有一個祝福，會庇蔭全家，正如「家有一老，如有一寶」的說法。

◎「一男一女一枝花，五男二女受拖磨。」

　　前一句是說一個女人家兒女生的少，一男一女兩個孩子恰恰好，做母親的較有時間來保養粧飾，使自己永續年輕貌美宛如一枝花。後一句五男二女是代表孩子生太多之意，為養育眾多子女就要多勞碌操煩，為生活家計重擔整日奔波不停，既要養育又要培育，實在一生為子女的求學求職長大成人、成家立業永遠煩惱不斷，其含辛茹苦關照子女之心念永不得清閒，那有餘暇再去照顧、粧飾自己的閒功夫。所以說「一男一女一枝花，五男二女受拖磨。」其形容詞的用意在此。

◎「一緣，二錢，三婿（美），四少年，五好嘴，六好膽，七皮，八棉爛，九強，十拼死。」

　　這是男人追求女人的十大秘訣，男人第一是靠緣份，第二是靠有錢，第三是長得英俊（帥），第四是青

春年少,第五是好嘴(會說好聽令人愛聽的話),第六
是要有好膽量(勇於表達),第七是皮一點(語云:一
皮天下無難事),第八是棉死棉纏(死纏沰纏),第九
是用強的手段,第十是拼死,(若得不到妳,我就死給
妳看。猶記得金門高中已故的吳騰雲老師,他常在課餘
之暇,與我們特師科第四屆的男同學開玩笑,這句俗語
應該就是當年吳老師講的沒錯,他好像特別強調第十是
拼死,他示範的說:『某某妹妹,我真的好愛妳,你若
是不愛我,我就會去跳海。』)

◎「也著糜,也著箠。」

　　「糜」是稀飯。「箠」是責打孩子的器具。這句是
強調為人父母者管教其兒女要三餐給予吃得飽足,但子
女犯錯時也需要責打。喚句話說:也就是「恩威並濟,
軟硬兼施」的意思。

◎「尪親某親,老婆仔ㄆㄚ(趴)車ㄌㄧㄣ(嶙)。」

　　「尪」是丈夫。「某」是太太。「老婆仔」是指乾
家官(老父母)。「趴車嶙」是翻跟斗(形容忙東忙西
整日不得閒)。這句是說年輕的夫妻只顧相親相愛,無
顧到年長的父母的需要,讓年老的雙親為生活需要忙不
得閒。

◎「新婦乾家,查某囝娘ㄌㄧㄝˋ(列)。」

　　「新婦」即新媳婦。「查某囝」即女兒。「娘ㄌㄧㄝˋ
(列)」即指母親。此句是形容做媳婦者不像個媳婦
樣,倒像是做乾家一樣,做女兒者不像個做女兒樣,反

而管起母親來，真是顛倒次序，天地顛倒翻。正如另一句俗語「新婦教乾家轉臍。」一樣是令人覺得奇怪。因為無經驗的在教有經驗的，豈不好笑嗎？

◎「生贏雞酒香，生輸四片板。」

古時候因無醫生、助產士、也沒婦產科，只有用土方法，請村中有生產經驗的當產婆來協助分娩，生產的婦人是很可憐的，若好運氣順產者就算是「生贏」，則有雞酒香來補月子；倘若不幸遇到難產的話，包括血崩、胎位不正、骨盤腔狹窄……等不易自然生產的狀況下，只有聽天由命，因為產婆根本無法處理這些不尋常的事件，古時候很多的女人就因「生輸」的過程，白白把母體性命及產嬰犧牲掉了，結果換來的僅得用四片木板（棺材）盛裝去埋葬掉，可歎復可悲噢！

◎「尪某無隔日仇。」

「尪某」夫妻也。夫妻相處貴在相互尊重、包容、忍讓、同甘共苦，才能有閨房情趣。但是偶而難免會發生意見相左起了爭吵，雙方只要彼此各退一步就會海闊天空化解於無形。才有另一句「尪疕婆尪婆，床頭打床尾和」的俗語。

◎「飼雞無論糠，飼子無論飯；飼父母算頓。」

養雞人家希望雞隻快長大，無論有多少的糠料，都捨得餵給雞吃。天下父母養育子女之心，從小到大皆是深怕子女沒胃口吃不多，絕不會計較兒女吃了幾碗飯的意思。可是輪到父母年紀大了需要兒女盡反哺孝道時，

做子女的，有的人就是會計較，尤其是兄弟姐妹眾多者，更是會計較，好像讓父母多吃一餐就會吃很大的虧似的，實令人傷心感嘆啊！

◎「飼囝是義務，食囝看新婦。」

　　從古到今養育兒女是為人父母應盡的義務，以前煮三餐飯都是媳婦的責任工作，所以要吃三餐飯都要看媳婦的臉色，若是遇上不孝的媳婦，天天給你不好的臉色看，雖勉強有三餐可吃，我看也是吃「目屎流糜」吧！再看當今的媳婦，由於義務教育的普及，加上「少子化」，男女皆接受高等教育，投入社會各階層各行業就職，每個月薪餉不比男性差，要她婚後放棄工作及收入，單純留在家做個家庭主婦，煮三餐奉侍公婆，心甘情願者恐鮮矣！凡三四年級吾輩的父母們！我們應該有所覺悟，「飼囝一定是義務。」你無法迴避，正如「欠子債，舉子枷。」；但是「養兒防老」的觀念要改，要想到「不用煮好三餐奉侍子媳兼當褓姆照顧孫兒」已算是有幸了，不能期望太多，否則失望傷心更多，所以又有一句「親囝親兒，怀值身邊二百錢。」，還是和老來伴的另一半，彼此照顧好身體健康才是最重要。身邊若有存一些老本，當兩老活到行動不便時，可自費住進安老院，或是雇用傭人來照顧已是司空見慣的社會型態，何需去「食囝看新婦」？

◎「入人門，順人意。」

　　此句是父母親對要出嫁之前的女兒所吩咐的話，因

為嫁到夫家，所要面對的人都是和自己父母兄弟姐妹生活方式、習慣、觀念、處事的態度……等都不一樣，新為人家媳婦就必須學習熟諳夫家的家規，熟悉夫家人的個性，凡事尊重順從家翁家姑大人的意思，才能維持家庭的和樂。

◎「好好鱟，刣甲屎若流。」

　　「鱟」又名盔甲魚，屬節肢動物，現在已成為保育類動物，金門的盛產地區在金城鎮的下墅、后豐等海域，鱟被捉到時經常是成雙成對的，又被稱為鴛鴦魚，鱟，肉質鮮美富營養，尤其母鱟的卵，蛋白質更多，炒鱟肉是很難得吃到的季節美味，但是要殺鱟一定要有好技術，懂得方法，熟識鱟的身體構造，同樣好好的一隻鱟，如讓一個不懂訣竅的人來殺，一定會殺得亂七八糟的意思。也有人講「好好鱟，刣甲屎若流。」時會再接一句「婿婿子，育甲若臭頭。」也是比喻不懂撫育孩子的母親，把一個原本漂亮可愛的孩子，照顧的變成臭頭爛耳囝仔。

◎「做田著有好田底，娶新婦著有好娘奶（ㄌㄧㄝˋ）。」

　　「好田底」指田地土質好。「好娘奶（ㄌㄧㄝˋ）」指賢慧能幹的好母親。整句是說耕作的田地要有好的田底（土質好），種植農作才能有好的收成，娶新媳婦時要挑選其母親是賢慧能幹的賢妻良母，才能教導出好的女兒來。所謂「龍生龍，鳳生鳳。」，「彼號花結彼號子，彼號粟出彼號米。」是同樣的道理。又與另一句俗語「彼號蛇生彼號卵，彼號貨出繪（ㄇㄟˋ）斷。」是一

樣提醒人們挑選女婿、媳婦時要很慎重的先摸清對方父母的品德等。以現在的說法，要考慮遺傳上的「DNA」因子之良窳吧。

◎「一斤肉怀值四兩蔥，一斤子怀值四兩尪。」

俗語有人如此唸：「炒肉炒菜，有蔥才會香」。所以儘管肉很多，還是要有蔥來配著炒才香也才好吃。「一斤子」意思是表示子女很多。「怀值」即不值得也。「四兩尪」即代表丈夫，丈夫係一輩子的伴侶，他不但是妻子衣食的依靠，更是老來伴，子女雖然很多，他們長大各自成家，嫁尪娶某生子，各自疼妻惜尪愛子女都來不及，那有閒情逸緻再來管你這老媽子，所以說「一斤子怀值四兩尪。」

◎「也會粗，也會幼。」

此句是形容一位才能出眾的女人家，允文允武，也會做粗重工作，如：上山耕種作穡樣樣精通，回到家裡，煮飯、燒菜、洗衣、縫紉、炊粿、包粽百般手藝全部都會。似此種女人能娶來做太太，豈不是「娶一個好某，較贏過三個天公祖。」但是要前三世人就要燒好香及祖上有積德，這世人（這輩子）才能夠於今世得到如此好的報應。

◎「嚴官府出厚賊，嚴父母出阿里不達。」

「厚賊」是指小偷很多，「阿里不達」是指不三不四，不中用、不成材的子女。整句是強調物極必反的意思。前句「嚴官府出厚賊，」有一種「道高一尺魔高一

丈」的解釋，後句「嚴父母出阿里不達。」有點反諷愈嚴格管教的父母，反而會教育出不肖讓父母汗顏的子孫來。

◎「好歹錢，相甲用。」

　　「歹」壞也，「相甲」及互相或相互之意。照字面解釋，是說好的錢與壞的錢參和著用。在這可是指因兄弟姐妹同是血緣生，彼此好壞都有大小互相牽連、互相蒙利、互相幫助、互相受害的事端關係，所以用「好歹錢，相甲用。」來開導有受兄弟姐妹間波及事端之累時的安慰用語。

◎「壁傍籬，籬傍壁。」

　　「傍」依靠也。牆壁依靠著隔籬，隔籬依靠著牆壁，同是用來阻隔內外當牆用的，有相互牽連影響作用。此句在這用於比喻兄弟姐妹同是血緣生，有如「壁傍籬，籬傍壁。」相互牽連影響作用，彼此好壞大家應相互扶持照顧才對。

◎「是唔是，罵家己。」

　　「罵家己」是罵自己。不管對或錯，是與非，有理或無理，有人格修養的人，每遇到自家小孩和鄰居小孩爭吵時，為了息事寧人與敦親睦鄰，一定是先罵自己的孩子，帶回家之後再詳細問出原由是非，給予適當的安慰或懲戒。

◎「娶媳婦滿廳紅，嫁祖子（女兒）厝內空。」

　　娶媳婦的男方家，屋裡屋外忙著殺大豬、敬天公、演傀儡戲酬神、掛母舅聯、貼門聯、插訂（盤擔）、迎

娶……等好生熱鬧。反觀嫁女兒的女方家,雖然也採購
了許多的嫁妝,可是「盤擔」以後就被男方搬走一空,
而且當父親潑完「緣錢水」,弟弟拾回「放心扇」後,
自此家裡就少了一個女兒,這景象是本地區嫁娶的習
俗,莫怪乎老一輩的每談及婚嫁差異時,都會說上一
句:「娶媳婦滿廳紅,嫁祖子(女兒)厝內空。」的俗
語來感嘆生男育女的不一樣心情一番。

◎「種到歹田望後冬,娶到歹某一世人。」

「後冬」指待來年。「歹某」指的是惡妻(不明事
理的母夜叉)。是說今年耕作收成不好,還可寄望於明
年或未來,可是萬一不幸娶到一位惡妻母夜叉的話,可
就一輩子有罪可受了。與另一句俗語「惡妻劣子,無法
可治。」同樣的感到無奈。與「娶到一個好某,較贏過
三個天公祖。」正好是意思相反詞。

◎「嫁好尪,食繪(ㄇㄟ)空。」

「繪(ㄇㄟ)」即不會之意。女人家若能嫁到好丈
夫,則將一輩子享受榮華富貴,衣食無缺過好生活。

◎「客兄,秤采找。」

「客兄」指姘夫,「秤采」閩南話是指隨意、隨
便。因為姘夫只是一時的勾搭,只要兩方相悅看對眼即
可,又不是選夫婿,反正朝三暮四的常換性伴侶,隨意
找一找即可以了,不必像找夫婿一般的慎重。

◎「要嫁人大鼎大灶,怀嫁人鍋仔破火扯(ㄔㄜˊ)。」

「鍋仔」只小鍋子。「火扯」是灶孔燒柴火用來翻

柴火的鐵條。古時候的農業時代，一般父母為女兒找婆家時，為了往後能衣食得以溫飽，生活不虞匱乏，多以大戶人家或有錢人家為主要挑選女婿的對象，對於小戶清寒人家是不會列入考慮的，所以才會流行講：「要嫁人大鼎大灶，恁嫁人鍋仔破火扡」。

◎「生前吃一粒豆，較贏死後拜豬頭。」

　　生前對父母及時的善盡孝道，讓他們在生前吃一粒豆，比父母死後再以很隆重的祭禮供品（整個豬頭）去拜來的實際。人云：「行善與行孝要及時」，不要讓「子欲養而親已不待。」的憾事再重演。

◎「大人生日著吃肉，囝仔生日著被（ㄏㄨㄥˇ）打。」

　　「被（ㄏㄨㄥˇ）打」閩南語「ㄏㄨㄥˇ打」即被別人打。在以前物質匱乏的時代，大人生日這天，至少也要煮些紅蛋、豬腳麵線來祝賀壽星長壽，可是小孩子尚小，來日方長，生日這天只要在手心上輕輕打三下，表示快快長大就可以了。反觀少子化的現今，小孩過生日可就不能與往昔相題並論了，光是送生日禮物，就夠大人們傷腦筋了，慶生的方式更不是吃個紅蛋、及豬腳麵線就能打發過去的，更別想用輕輕打三下手心就可的便宜事了。在我未退休之前，就讀幼稚園的小朋友生日時就要家人幫其準備送給同班同學的糖果或蛋糕或餅乾，生日禮物更是不在話下，不一而論了。

◎「水查某嫁人做細姨。」

　　「水查某」指漂亮的女子。「做細姨」當小老婆。

古時候，不知為什麼漂亮的女子就一定要嫁人當小妾？難道身體髮膚受之父母，美醜與性別根本就無法選擇，生得漂亮也是罪過嗎？「巧婦長伴拙夫眠。」是造化弄人？抑或是良緣難覓？反觀現在就不一樣了，漂亮的女子可吃香來著，不是成為大明星、模特兒，就是大富豪的少東們追求的對象，不是嗎？大S就是一例。

◎「嘴尖耳唇薄，福氣全然無。」

　　「嘴尖耳唇薄」指的是尖嘴猴腮耳腫又小又薄，其貌不揚的人，這種人一定是時運不濟，毫無福氣之人，不像方面大耳的人是大家所公認的有福態相。以前的人家在挑選媳婦時，對於媳婦的期望有：「大面好抹粉，大奶蔭子孫，大腳穿（屁股）好穿裙。」「一代大媳婦，三代大子孫。」似乎大家的共識都對「大」比較有好感，覺得大較有福氣。對於嘴尖耳唇薄的人甚少列入考慮。

◎「好子嘸免濟，濟子餓死爸。」

　　「好子」是指優秀有成就而且又孝順的子女。「濟」即多的意思，「嘸免」即不必之意。整句是說：如果一個家庭能培育出一個優秀有成就又孝順的子女，不用多個；如果子女太多，父母為了養育眾多的兒女生活重擔，可能終日奔波勞碌不得閒，子女間生活條件恐亦差，也許無法善予栽培，自然其成就就無法脫穎勝出，父母在多位子女的互相推諉責任之下，臨老了又體弱多病乏人照顧者大有人在，其淒涼晚景實很可憐，所

以才有這句「好子唔免濟，濟子餓死爸。」的感嘆語。

◎「細漢偷摘匏，大漢偷牽牛。」

　　「匏」蔬類植物，葫蘆科的一種。這句是先祖母生前常教示為人父母者說的話：「孩子一定要自小嚴加管教，不能令其有偷竊的行為，否則小時候有偷摘匏瓜的習慣，大人沒有嚴厲的苛責令其改正不良偷竊習性，及至長大了，其賊性就變本加厲，連別人的牛都敢偷牽了。若更嚴重的妄為，最後可能招致身敗名裂，甚至犯法入獄，毀了一生前程。」

◎「做媒人包入房，無包你一世人。」

　　做媒人是撮合男女雙方新人結婚，只要婚禮進行完畢，把一對新人送入洞房後，新人喝了交杯酒（交杯茶）後，媒人就算盡完責任。並無法保證雙人一輩子恩愛永恆，更沒有要負包會生男生女的責任。這句在平時也可藉用在房屋仲介租賃店面時說，例如：我介紹把房屋租給你開店做生意，可不包你一定會賺人錢。

◎「龍生龍，鳳生鳳，老（ㄋㄧㄠˇ）鼠生囝會打洞。」

　　此句與現代的醫學遺傳基因（DNA）有相關，比喻：「有其父必有其子，有其母必有其女」的意思。與另一句俗語「彼（ㄏㄧㄠˋ）母生彼（ㄏㄧㄠˋ）卵，彼卵傳不斷。」意思相似。

◎「老牛食幼草。」

　　「老牛」這裡指的是年紀大的老男人。其實新鮮的嫩草對於草食性的動物來說，他們都愛吃。此句是專用

來比喻一個年紀很大的男人，卻娶了一個年紀相差很多的年輕女子做太太，大家就會用「老牛愛食幼草」來形容他。

◎「老尪疼芷婆，芷尪不如無。」

　　「老尪」指年紀比太太大很多的丈夫。「芷婆」指年輕又漂亮的太太。「芷尪」指年輕英俊比太太年紀小很多的丈夫。整句「老尪疼芷婆，芷尪不如無。」說出了現實生活的寫照，老尪會娶到芷婆，自然有他優厚的經濟條件，一經娶了年輕貌美的女子為妻，當然會如為父疼愛女兒般的珍惜與愛護；反之，芷尪就不一樣了，也許是當初他肯娶比他年長的老婆為妻，是因為看上老婆的家業或經濟財產豐厚之故，一但結了婚，生米已煮成熟飯，日子久了，生活家計又無須煩惱，被年長如母或如大姊般的老婆無限的溺寵結果，養成這個「芷尪」是茶來伸手、飯來張口，好吃懶做的習慣，看老婆的臉日子久了就生厭，飽暖就思淫慾，甚至在外頭又搞出所謂的「小三」來，或是養成花天酒地沉迷女色等不良行徑，像這種情況，年長的老婆真是悔不當初嫁給這種芷尪，還不如不嫁比嫁還來得好。

◎「籠床貓，顧粿。」

　　「籠床」蒸籠也，炊蒸之器具。家裡養的貓原本是用來捕抓老鼠的，而牠却不去四週巡捕抓老鼠，反而守在蒸籠旁只顧著粿。而這句「籠床貓，顧粿。」俗語讓人引用來諷刺一個沒有出息的大男人，成天不知出外工

作賺錢養家活口，只會留在家裡守著妻子，以防其有外遇的嘲諷用語。

◎「未娶某，嘸通笑人某嬈（ㄏㄧㄠˋ）。未生子，嘸通笑人子不肖。」

「嬈」音ㄏㄧㄠˋ，意思是形容女人三八阿花不正經，行為欠端莊，有招蜂引蝶的舉止。「不肖」指的是不中用。整句的意思是在提醒一個人，在尚未娶妻之前，不可笑別人的太太不正經。自己還沒生孩子之前，也不可笑人或批評別人家的孩子不中用。因為這些事都有可能發生在你自己的身上。有句俗語：「食未老，死未臭」，千萬不可輕易隨便譏笑別人，否則立即會嘴塞（立即報應。）

◎「未學行，先學飛。」

這是一句長輩規勸孩子、晚輩或徒弟的話，因為學習的過程，應該都是由淺而深，由簡而繁，由易而難的根本順序原理，一定要照順序步驟去行才對，那裡是「未先學行，先學飛。」的本末倒置行徑豈是正途？

◎「父母疼囝長流水──無時停，囝孝父母樹尾風──有時陣。」

做父母的，打從母親懷胎十個月，到出世、嬰兒、年幼、少年、青年、長大成人、求學、出社會工作、嫁娶、直到成家立業、甚至兒女也已作成了父母、或祖父母，父母照樣一直關心和疼愛，就像江河之流水，不分四季或晝夜永遠不停的流著（無時停）。而大部分為人

子女的，在幼童時要靠父母的養育照顧，年輕時又要專心於學業，及至學成到成家立了業，又開始要忙著工作及照顧自己的家庭、妻子、兒女等，尤其是遠離父母很遠的人，平時自己也是工作與家庭忙得暈頭昏腦的，那還有空餘時間去想到要照顧遠在家鄉的父母？勢必要等到逢年過節，如八八父親節、五月母親節，或是父母親生日，或是父母親生病、或出意外……等，在不得已情況下才會暫時性的拋開自己的家庭，向工作的機關告幾天假，專程短時間的來照顧父母親，就好像樹尾被風吹一下是有時陣的。（註：本人對此句俗語的創作前輩實在佩服到極點，這兩句的用字、遣詞很用心，使句子說起來、看起來都很美，用詞又有對比，如句中的「疼」──「孝」，「長流水」──「樹尾風」，「無時停」──「有時陣」），又有押韻，如「停──陣」。太了不起了。）

◎「欠子債。舉子枷。」

　　有人說：「今生世做父母的人是在前生世欠了子女們的債未還清，這輩子才來作為父母子女或夫妻（沒冤沒仇不成夫妻）。」所以父母為了子女們所做的犧牲是前世所欠之債，這世來還。「舉子枷」，「枷」是古時候用來防止罪犯逃脫的刑具，「舉子枷」是說將養育子女之責任當成是無法逃脫的枷鎖。所以養育子女的責任就叫做「欠子債。舉子枷。」註『三婚姻家庭』「打破姻緣七代窮。」「打破」即破壞。「七代窮」是形容好

幾世代永遠的貧窮下去。此句是說一個人要有成人之美的美德，而不要去破壞人家的因緣好事，否則就會遭到好幾代貧窮的報應映。

◎「新婦（ㄅㄨˊ）坐著大家位。」

　　「新婦（ㄅㄨˊ）」即新娶的媳婦。是說新娶的媳婦，經過了三年後，在大家（婆婆）的調教之下，終於把大家（婆婆）的品德、持家的本領、烹飪的手藝，待人處事……等全都學上手，全然是婆婆的另一化身，就叫著「新婦（ㄅㄨˊ）坐著大家位。」

◎「會生得囝身，繪（ㄇㄟ）生得囝心。」

　　天下做父母親者，只能生下兒女的身體，但是不能夠保證兒女的心理裡所想的是什麼？

◎「佁尪罵某，佁鑼累鼓。」

　　「佁尪」即壞丈夫。「某」即妻子。壞丈夫會怪罪責罵太太的不是，而不好的鑼敲打起來的聲音會影響到鼓的節奏。

◎「保汝入房，無保汝一世人。」

　　「入房」指入洞房。「一世人」即一輩子也。這是一句媒人對新娘子講的口頭禪，媒人會說：「我介紹和安排妳的婚事到你進入洞房為止；今後妳一生（一輩子）的幸福與否，和我已無關，我不能給你任何的保證。」

◎「怀八做大家，腳手肉拉拉掣（ㄔㄨㄚˋ）。」

　　「怀八」是從未、未曾。「做大家」當大姑（指初

次當婆婆）。「拉拉掣（ㄔㄨㄚˋ）」是一直發抖的緊張模樣。整句是說初次當婆婆沒經驗，心裡很緊張，害得手腳都一直發抖。此句常用來形容一些初經世事，緊張忙亂的用詞。也有「頭回（音ㄅㄛ　ㄅㄧㄥˊ）做大家，額ㄙㄨㄚˋㄙㄨㄚˋ。」之說法。

◎「男大當婚，女大當嫁。」

　　此句是說男女長大了，到了適婚的年齡，及時的婚嫁，乃常情正理，沒什麼奇怪的。反倒是男大不婚，女大不嫁才真正會讓父母著急、煩惱、不安，也會讓人感到奇怪。

◎「久長病，不孝子。」

　　意思是說父母親長久生病在床時，確實有許多麻煩事情需要做子女的去照顧處理，既使是孝子也很難始終如一的照顧很周到，正如有一句「九頓米糕怀上算，一頓冷糜扣起來。」，終會得到父母的報怨，又有人說：「久病無孝子。」這句俗語是在以前農業社會的時代用之。反觀現今的工商時代，做兒子的要就職、打工、上班、養家活口，成天需外出工作、照顧自己的小家庭都來不及了，父母親生病時，有孝心的人，能負責花錢請人協助看顧就不錯了，能在星期假日來探望關心病情就要偷笑了，何敢奢望像古時候的人一樣的要子女能留在身邊親自侍侯自己呢？能說子女不孝嗎？

◎「佡田望後冬，佡某一世人。」

　　「佡田」指田地收成不好，「後冬」指下一季的

收成。「俉某」指娶了惡妻。「一世人」指一輩子終身的事。整句是說這季的耕作收成不好，可寄望下一季；可是娶到惡妻就要終一生的倒霉了。此句在勸人處事要謹慎，不可草率，尤其是婚姻乃終身大事，更是不可不慎，若是能娶到一個好妻子，這一生就幸福無邊了，所以又有俗語說：「娶到一個好某，較贏過三個天公祖。」

◎「花無錯開，緣無錯配。」

「時到，花著開。」不到時候，花絕對不會亂開，而姻緣係天註定。此句是形容比喻夫妻婚姻美滿乃上天註定。所以不可強求之意思。

◎「豬仔囝飼大隻，毋認豬哥做老父（ㄅㄟˋ）。」

「豬哥」是有人專門養來給母豬交合配種的公豬，司此工作的人稱為「牽豬哥」，當豬哥為母豬交合完畢之後，飼養的主人付了錢後，豬哥就離去了。及至母豬懷孕、小豬出生長大，豬爸是誰？當然不知。此語常被用來比喻一個數典忘祖、背棄生身父母之不孝子之責諷語。

四、人生哲理篇

◎「紅花魚，契嘴誤。」

　　「紅花魚」即是「黃魚」，「契」即是「被」之意。一般漁民捕黃魚時是用釣餌來釣。所以是說黃魚因為喜歡張口吃釣餌，才會被誤上釣鉤而被人捕走。此句也常用來勸導暗示人說：「一個人不要愛開口亂說話，以免惹禍上身。」

◎「蚊仔釘牛角。」

　　大家都知道「牛角」是很硬的，蚊仔去釘牛角，非但牛角不會痛，牛本身一點感覺也沒有，簡直是無關痛癢。此句是教示一個人做事要做在對的地方，否則等於白白費功夫、無濟於事。

◎「趁錢有數，性命著顧。」

　　「趁錢」是賺錢。人的一生賺錢的方法很多，士、農、公、工、商、教……等不同職業，大家努力打拼，不停的賺錢，為使家庭經濟寬裕、生活品質良好，但是有些人只會拼命工作，有錢可賺就好，也不顧慮工作是否有危險性，日以繼夜，不休息又不懂得愛惜自己身體；另有一些人為了謀事關係，成天交際應酬，大宴小

酌花天酒地的吃喝沒節制，導致日子久了，身體出現毛病多多，簡直是得不償失。

◎「會咬人的狗燴（ㄇㄟ）吠。」

　　燴即不會，一般會咬人的狗是不會叫的。此句比喻不露聲色的人最可怕。正如另一句「狗仔陰沉沉，咬人三寸深。」

◎「一樣生，百樣死。」

　　與上一句類似，比喻一個人正常的出生都是經由母親十月懷胎後才生產的，當然也有不足月的早產兒，或是難產經剖腹產的出生兒；到了個人的人生旅程中，各受命運安排的不同，有的人或是因病而死，有的人或因禍慘死，有的人或因戰爭戰死，有的人或因天災如地震、海嘯、龍捲風……等造成不幸的死亡，有的人或因胡作非為觸法被判刑而死，有的人或因想不開上吊、服毒、自焚……等自殺而死，總之死的方式都不盡相同，所以說「一樣生百樣死。」另有一句「一人各一樣，無人相親像。」意思則指長相、身材、膚色、個性、習慣、嗜好、專長……等的不一樣。

◎「一枝草一點露，天無絕人之路。」

　　意思是說每一枝露天的草，早晚都會得到雨露均霑的滋潤，這句強調「天生我材必有用。」任何人總會得到上天的眷顧，只要肯努力打拼，就不會被餓死。此句常用在安慰勉勵失意失志之人。

◎「牛仔出世，十八ㄅㄨㄚˋ（跋）。」

　　「十八ㄅㄨㄚˋ（跋）」比喻跌倒很多次。牛從剛生出到會走路，是要經過很多次的跌倒又爬起來的過程。此句用來鼓勵：人的一生是要經過許多的挫折、失敗與磨鍊才能成長以及成功。何況人生不如意事常十之八九，失敗乃成功之母。不可因一次小挫敗就失去鬥志，要仿效「牛仔出世，十八ㄅㄨㄚˋ（跋）。」之大無畏之精神。

◎「好人勸侎聽，歹（ㄆㄞˋ）鬼招著行。」

　　「侎」即不也。「好人」指正人君子。「歹（ㄆㄞˋ）鬼」指心術不正的小人（壞朋友）。正人君子的婉言好意相勸總是無法讓人接受（聽不進去），而偏要去聽從心術不正的小人（壞朋友）的話，壞朋友稍一招手，他就很快跟著走。往往是要等到吃了虧，上了當，才來後悔已經來不及了。

◎「洗面，礙著耳。」

　　「礙著」是指誤傷。洗臉的時候，不小心誤傷了耳朵。此句比喻講話時不留意誤傷了別人因而無意間得罪了人。有勸誡人要謹言慎行之意。

◎「五福難得求：富、貴、財、子、壽。」

　　「財、子、壽」三尊係民間百姓家裏大廳案桌上與觀音菩薩常同時供奉的喜福之神，這三尊喜福之神專司降福給好人。先祖母生前常教示（誨）我們晚輩說：「生死由命，富貴在天，財（金錢）、子（子孫）、壽

（壽命）是無法強求的。」人世間應一切順其自然，不如意事常十之八九，所以凡事要看得開，只要求平安，不要求長壽才對。

◎「鴨母跋落潘坩（ㄎㄚ），腥臊一頓。」

　　「潘坩（ㄎㄚ）」即餿水缸。鴨母生性在水裡游來游去及覓食，在無意間部慎跌進餿水缸，非但毫髮未傷，反而在餿水缸中，大肆飽餐一頓，豈不是碰到好時機因禍得福嗎？

◎「天卜變，一時。」

　　「卜」與欲、要同意思。又與「天變一時」意思也相同。老天要變天時是無法讓人預料到的，如：台灣的「九一一大地震」、日本的三一一大海嘯、智利的火山大爆發、……等都是證明天有不測的風雲，人有旦夕禍福，何時災難要來臨？一點也無法預知，所以人生是無常的，正如另一句：「千算萬算，怀值天一劃。」最近的米雷颱風給台灣帶來豐沛的雨水量，讓北臺灣的水庫爆滿，據新聞報導：由於米雷颱風給台灣帶來豐沛的豪雨水量，一直到今年九月，北台灣都將不再會缺水，否則在早些時候，台灣各地區用人為的實施節約用水、用人造化雨、採取分區供水、……等各種方法，那裡比得上米雷颱風所帶來的一場豪雨？這豈不就是「千算萬算，怀值天一劃。」的寫照嗎？

◎「福無雙至，禍不單行。」

　　人生遭遇，一般說來常常是福氣無雙至，可是不順

利的事常常一連串不停的發生，「屋落偏逢連夜雨」的事是司空見慣的常事，那種「升官又發財」、「雙喜臨門」的好事畢竟是少之又少，所以才有「福無雙至，禍不單行。」這句俗語的慨嘆。

◎「牛有料（有繚），人無料。」

　　「料」是指意料得到。「繚」是用繩索把牛栓好。「牛有料，人無料。」是說牛的命運是可以預料得到，牛在勇壯時期，必須讓人用來耕犁田地、拉車等工作，等到年老力衰時，就賣給人宰殺賣肉吃。但是人的一生命運就變化無窮，一生難料，而且一樣米，飼百樣人。何況人不可貌相，人的一生際遇，真昰難料啊！

◎「人唔通出名，牛唔通巧行。」

　　「唔通」即不要。「巧行」即走得快又有耐力。一個人能夠出名一定有他特殊的才能，或是能力強又肯做事的人；腳力好又有耐力的牛常常被農家挑選來從事任重道遠的耕犁或長途跋涉的載運工作。此句俗語在平常的人間事象上，就是表示「能者多勞」，有能力又肯做事的人往往要比能力差的人要忙得暈頭轉向，而能力較差的人，常常工作量少，反而落得清閒悠哉！另一句「會的要給不會的做奴才。」「人唔通出名，牛唔通巧行。」這句俗語有點勸說世人不必太過認真拼命，不然一但出了名，之後就無清閒日子好過了。

◎「食米唔知米價。」

　　我們人每天都要吃三餐，可是真正知道柴、米、

油、鹽、醬、醋、茶……等實際價錢的人，除了每天必須上市場採買或是需要烹飪的人，知道真正東西的現時價格的人實在很少。此句用在家庭成員上，指的是年輕的一輩，即俗語「食糜坩中央的人」。若用在社會上，則指的是一些不問世事，對世事莫不關心的人，也常用在譏諷一些達官顯貴，不知民間疾苦的人，凡事身邊早已有下屬為他打點好了，這些達官顯貴只要茶來伸手，飯來張口即可，說他們是「食米，伓知影米價。」，一點兒也不冤枉。

◎「海枯將見底，人死不知心。」

　　海水若乾枯了，將可讓人看見海底，可是人若是死了，我們仍然無法知道他心裡到底在想些什麼？此句是形容「人心難測。」如：「與君睏破三領蓆，掠君心肝繪得著。」

◎「嫌貨才是買貨人。」

　　這是先家翁任璽公生前對我們說過的話，因為他見多識廣，他說：伓通看貓無點，嫌貨才是買貨人。做生意的人，尤其對這種會嫌貨的顧客要特別有耐心去介紹你的貨品的特色及優點才對，因為他對你的貨品有興趣，才會提出他的看法，只要你善加對待及說明，加上合理公道的價格，生意可能就成交。所以說：「嫌貨才是買貨人。」

◎「戲棚上有彼號人，戲棚下也有彼號人。」

　　「戲棚」是演戲用所搭的戲台子，一般戲台上所演出

的戲劇中，皆免不了有忠臣和奸臣，有正人君子，也有奸詐小人，有好人也有壞人的角色。反觀戲棚下及現實的社會生活中，不是一樣的米飼出百樣人嗎？此句用來提示人們，眼睛要放亮些，勸人要懂得識人，分辨清楚善與惡、君子或小人、忠與奸、好與壞，以免遭人陷害。

◎「行行出狀元。」

　　「行行」是指各行各業。「狀元」是古時候的殿試第一名。每一個行業都有出類拔萃的優秀人才。此句常用來鼓勵一些年輕人，不管從事各行各業，只要有志氣，肯努力，業精於勤，在本行裡面總有出頭天的機會，千萬別失志，「戲棚腳徛久就是你的。」凡事要堅忍，比別人更認真，等到最後一定會成功。

◎「兄弟若同心，烏土變黃金。」

　　兄弟姐妹要能同心合作，做任何事情，都能成功。「心」與「金」是取其押韻，所謂「家和萬興，家吵萬世窮。」

◎「好額人，乞丐性命。」

　　「好額人」指有錢的人。這句是諷刺有錢的人，其衣、食、住、行的的生活條件卻因太過節儉、吝嗇、視錢如命，祇懂賺錢不懂得花，一切都遠不如普通人家的生活，簡直就像乞丐一般。

◎「好歹湯著愛燒，美醜查某著會笑。」

　　「燒」是「熱的」。「燒」與「笑」是押韻。這句是說不管「湯」是任何湯料，一定是要「溫熱的」才

好喝，才有味道。相同的道理，一個女孩子，不管長得美與醜，一定要有笑容，才會受人疼愛，所謂「慈眉善眼」「笑臉迎人」，任誰也不喜歡一個四九日烏的晚娘面孔。

◎「荏荏馬，嘛有一步踢。」

　　「荏荏馬」指身體軟弱的馬。牠雖然身體軟弱無力，但是有人欺侮牠時，牠也會使出看家本領──踢來作防衛。此語用來提醒人們：天生我材必有用，每一個人都各有優點或專長，不可輕視任何人，連荏荏馬，嘛有一步踢。

◎「時到時擔當，無米煮番薯湯。」

　　這句是安慰人，勸勉人遇事來臨，莫需太過煩惱，要臨機應變，想法子處理就是了，更何況「船到橋頭自然直」，不是嗎？

◎「樹頭徛乎在，唔驚樹尾作風颱。」

　　樹頭即樹的根部，只要樹根種得深，樹幹強壯，就不怕樹枝尾端被風吹的搖動不定，就像是樹尾作風颱一樣，只要樹頭徛乎在，一點也不會受到傷害。此句常用來鼓勵做人腳步要踏實，行事要小心謹慎才有根本，不管待人或處事，只要仰不愧於天，俯不怍於地，或譽或諛就任人去評吧。這就是「樹頭徛乎在，唔驚樹尾作風颱。」的意思。

◎「貪食無補，漏屎艱苦。」

　　人云「言多必失，食多傷胃，少食多滋味，多食無

滋味。」所以食要定量，不可暴飲暴食，因貪食過量而傷及腸胃吃壞肚子，讓自己拉肚子（漏屎）就艱苦了。

◎「貪字貧字殼，賭字貪字心肝。」

這句俗語是民國82年我在開瑄國小校長任內前往正義分校拜訪成功村鄉紳陳金水老先生時，在請教其校務談話中，他老人家提及的其中之一句俗語，他說：「貪字和貧字的字殼相同，而賭字的部首『貝』字，正是『貪』字和『貧』字的心肝、肺部所在，所以貪字貧字殼；而人之賭性是起源於貪心；而十賭九輸會導致貧窮。」雖然陳老先生已仙逝多年，今天寫到此句俗語時，回憶當年他老人家一身著深藍色的中山裝，頭戴黑色大禮帽（閩南話──濾ㄅㄡˋ），身材高高瘦瘦的，口露白牙，很慈祥的對我說話時的那種一聲一笑模樣兒，還真是音容宛在啊！

◎「頭過身著過。」

懷孕的婦道人家到了順序月（懷孕的最後期），嬰兒胎位若是端正（胎兒頭部朝下），在生產過程中自然會順利，因為胎兒頭部的比例佔身體的大部分，所以在千百次陣痛之後，「頭過身著過。」嬰兒就會很快誕生（本人也有四次生產的經驗，確是如此。）而此句俗語常被用來鼓勵人，當面對百般困難時，必須咬緊牙關，堅定信心來克服困難，當難關一過，光明前程就展現在眼前了。

◎「食一歲，學一歲。」

　　這句是人們用來鼓勵人要不斷的學習，因為學問是無止境的，「學然後知不足。」「學到用時方恨少。」都是說明人隨著年歲的增長，需要不停的學習知識來應付現實生活之所需，前日吳副縣長友欽先生在金門縣政府家庭教育中心舉辦的老人終身學習座談會中訓勉與會人員說：「現在是日新月異的時代，人要活就要動，以前是活到老學到老，現在應該要說成：學到老才能活到老。」與「食一歲，學一歲。」意思是相同的。

◎「請鬼提藥單。」

　　這句是在提醒人們，如果有事情必須拜託人去做，如果眼睛沒睜開，所託非人就非常嚴重，其後果就不堪設想了。因為原本人有重病請醫生診斷後開藥方，必須請人到藥店去抓藥回來煎，可是若請一個心懷不軌的人去抓藥方，弄不好在暗中給加減藥量或加上對病體有害的一味，病人吃了藥，不但沒有起藥到病除之效，反而病情更加嚴重，最後終於死掉。所以俗語流行說：「請鬼提藥單，穩死無活。」

◎「手抱孩兒則知父母時。」

　　一般青少年男女，血氣方剛，時常抱怨父母親對他們的管教與關心，把父母的關懷當成是撈叨、雜唸、管太多……甚至對父母的疼愛處處起反感。等到自己長大結了婚，生孩子做了父母時，他們才知道做父母的從一個小嬰兒養到長大成人的過程是如何的辛苦。所以說：

「手抱孩兒則知父母時。」

◎「落土時，八字命。」

　　　每一個人的八字命都會因落土時（出生時）的年、月、日、時辰的不同而各有自己特有不同的命運，有的人一生平順如意快活；有的人卻一生坎坷不平、勞碌困苦……真有天壤之別，所以「落土時，八字命。」這句俗語是用在勸慰一個人，要懂得樂天知命，不要人比人，氣死人，更不要怨天尤人，要怨就怨自己的「落土時，八字命」出生時辰不對，不是嗎？

◎「過時賣蠟曆。」

　　　已過時效的日曆才拿來賣，試問這種毫無用處的東西還會有人願意買嗎？免費送人還嫌多餘。此句是訓勉人們做事要掌握時機，要恭逢其盛才能創造好時效，否則「過時賣蠟曆。」豈不是白費功夫？

◎「鴨卵較密，也有縫。」

　　　鴨蛋殼比雞蛋殼稍厚，但是還留有透氣的縫隙。與前面「雞蛋密密也有縫。」意思相同，若要人不知，除非己莫為，紙是包不住火的，都是在勸戒人不可心存僥倖的用語。

◎「吃果子拜樹頭，飲水須思源頭。」

　　　這是一句勸誠做人應心存感恩的警語，「飲水思源」乃為人處世的根本要義。

◎「千好萬好，伓值著咱厝好。」

　　　「千好萬好」百般好。「伓值著」比不上。別人的

厝既使是鑲金安銀的金碧輝煌百般的好豪宅，還是比不上自己家的屋子好，因為自家厝內有充滿親情（父母、夫妻、兄弟、姐妹、子女等溫馨的愛及溫暖。）之所在，所以說「千好萬好，怀值著咱厝好。」

◎「安薯好食免大條。」

「安薯」又稱「番薯」。以前小時候，可憐的母親，母代父職，每天都要上山作穡，安薯、土豆、高粱、麥、芋、是主要季節農作物，尤其安薯更是三餐的主食，可以說：「阮是吃番薯大漢的金門囡，黃種、白仁心赤赤，咱是靠番薯生活來顧生命……」（金門音樂才子李子恆作番薯情一曲中的片斷歌詞），在那段艱苦的日子裡，三餐主食（早餐煮安補糊和麥角仔，中餐煮安簽仔及安薯頭，晚餐是安簽續米煮稀飯。）皆吃安薯，真的是吃怕了；可是到了現在，吃安薯反而成了是一種爹侈的享受。前天到沙美街上買安薯，正好有幾位主婦同時也在挑，店主人就說：「安薯好食免大條，最重要是安薯的品質及成熟度，好吃最重要，不一定要挑大條的。我賣的這兩種，都是台中出產的，我們自己都已先試煮吃過了，不管是紅心或是黃心種，小塊的更嫩更甜。」我姑且相信賣主的話，一共買了十斤（每斤二十元），回家煮後果真好吃。此語其實是用來比喻一個人會不會做事的能力最重要，而不在他的外表是否高大；另外也用以比喻一篇文章的好壞，不在於它的長短，而是貴在於內容的精采，文詞的並茂；物品也一

樣，貴於重質不重量，也不是體積的大小，所以說「安薯好食免大條。」理由在此。

◎「掠長補短。」

「掠」即取用之意，此句是說世間萬物，包括萬物之靈的人，都各有優缺點，不可能完美，亦即是各有長處和短處，人的一生要保有「活到老學到老」的精神，就必須有「見賢思齊」的態度，多取用周邊他人的長處優點，來補充自己的缺點，這就是「掠長補短」的詮釋。

◎「你看我普普，我看你霧霧。」

「普普」、「霧霧」二詞皆是指看不清楚事情或是東西真相的形容詞。此句意思是比喻說：人與人之間的相處，貴在互相尊重。既然你眼裡看見的我是如此這般，那麼我看你，也同樣是如此這般而已。亦即是「互相互相，彼此彼此」之意吧。

◎「龍交龍，鳳交鳳，癮疴ㄟㄟ交倗戀。」

「癮疴ㄟㄟ」指身子駝背的人。「倗戀」指腦子不靈光的傻瓜。此句意味著「物以類聚，人以群分。」從他們所結交的朋友就可知道他們是屬於何種類型的人。

◎「萬項事，起頭難。」

這是一句鼓勵及安慰從事任何一項新的職務或工作的話語，因為「將相本無種。」一個人凡事不是天生下來就會的，所以開始做任何新的工作，或是面對剛調換新的職位時，因為欠缺經驗，難免總會遇到些許困難，千萬不可失志灰心，一定要忍耐，更要想辦法去克服，

或虛心去請教有經驗的前輩，加倍努力一段時日，最後一定會成功的。

◎「軟繩仔牽豬。」

　　這句俗語早在第一集就要寫，但一直遲延不敢寫，深怕曲解了原意，經過請教多位前輩後，得到的綜合解釋是：形容凡事是急不得的，一定要運用合適的良策，方法、手段或下很深的功夫，而且要慢慢的引導，假以時日後，能令其改變行為，或讓他對你信服聽從而為你所用，非一蹴可及的簡單事情，尤其是千萬急不得。

◎「孤雞怀食米。孤人餓半死。」

　　前一句講若家裡僅養一隻雞，因為無生存競爭的危機，也就是沒有其他的雞隻可與牠爭食，這隻雞就被養尊處優習慣了，再有好料的放在牠面前，牠也不吃。其實是用「孤雞怀食米」來形容家庭獨生的子女，嬌生慣養，胃口大多不好，不像子女眾多的家庭，大家爭搶著吃，就會覺得所有飯菜都很香。後一句「孤人餓半死」，則是說孤單只一個人的話，平常三餐隨意充飽肚子就好，或是省事些，少吃一餐也無所謂，如此長期下來，沒把自己餓死，也會把身體搞壞的意思。

◎「打斷手骨顛倒勇。」

　　「顛倒勇」是反而更好之意。此句原意是說一個人因出意外，把手臂骨打斷了，但是經過適當的治療、調養後，不但手骨治好，身體反而調養的更健康強壯。」這句「打斷手骨顛倒勇。」最適合用來鼓勵遭受打擊或

是失敗失意的人，千萬不要因為失敗就失志，一定要有「打斷手骨顛倒勇。」的勇氣和調適自己的精神，換個目標方向再去努力，終有再成就自己的一天。

◎「一代親，二代表，三代散了了。」

　　「一代親」是指同輩份如親兄弟姐妹之間的同胞手足情誼是再親不過了。「二代表」是指同輩份親兄弟姐妹之間所生的子女，如表兄弟姐妹們之間的情誼，以前親上加親，如表兄妹聯婚自然是表親兩家交誼走動頻繁，情誼維持良久外，否則親戚情誼到了第三代，恐會隨著時光的推移，將逐漸轉為淡化了。這是以前交通不便的原故，時至今日，網路無國際，Email、Face book、手機等，不用幾秒鐘就可聯絡上了，所以此句俗語之運用就有待商確了，「一代親，二代表，三代散了了。」在現代不一定人人感受都一樣。

◎「老鼠吃鹽，準（存）辦死。」

　　「準（存）辦死」準備拼老命之意。相傳老鼠吃鹽以後準定會死。在此比擬一個人在不計後果，準備拼老命豁出去，與對方來個玉石俱焚的激烈手段抗爭時的習慣用語。與「死豬不怕滾水燙」意思類同。

◎「順情較好恭敬。」

　　這是先家翁任璽公生前常對我們訓示的話，他說：「老人家，囝子性，雖然老一輩的人因缺乏受教育，思想比較老古派，但是臨到老了，總是冀望兒媳能給予孝順的安適奉養，含飴弄孫享天倫，令其能得到安養天

年，所以與老人家的相處，只要一切能隨老人家的性情去順應隨意，千萬不要去強求改變他（她）的想法或觀念，不然老人家會認為對他們過份、不孝又兼忤逆。」所以年輕的朋友們！為了避免與家裡的老人家產生不必要的摩擦與齟齬，就用對老人家「順情」當成「恭敬」的一道良方吧！

◎「皇帝父不如乞丐母。」

　　雖擁有尊貴的皇帝作為父親，但因朝廷中規矩森嚴限制重重，終究無法日夜沐浴父親的疼愛與眷顧，真的皇父實不如母親的角色，隨時隨刻能隨侍身邊的照顧。既使是如生活窮困的乞丐媽媽，她對子女的母愛絕對是不容質疑的，一定遠超過當皇帝父親對子女的疼愛與眷顧，所以才說：「皇帝父不如乞丐母。」那種母愛的偉大。

◎「真茶無色，真人無激。」

　　「真茶」指的是上等茶，優質的好茶。「真人」指的是真正的仁人君子。真正好的上等茶泡起來是顏色淺淺淡淡的，只讓人聞起來就有一股茶香，而且茶一入喉及讓人感到甘甜又潤喉，不像劣等茶一泡就顏色很濃。而真正的仁人君子面臨事情，凡事都能坦然以對，是不易被有心人士用語言來激發情緒而做出衝動的舉措。

◎「一隻牛剝雙領皮。」

　　大家都知道，一隻牛只有一領皮，此句說一隻牛剝雙領皮的意思是比喻重複被剝削不合理的用詞。一般常是某件事情同時被政府的不同單位科繳兩次以上不同的

稅金，繳稅人就會發牢騷說：「實在不應該，簡直是一隻牛剝雙領皮。」

◎「求平安，唔敢求添福壽。」

以前的人，每次在任何神明面前焚香拜拜，總是祈求神明要保又長歲數食百二，個人个是「宿命論」者，總認為「財、子、壽」係天註定，人應該不要太過強求才對，只要祈求自己及子孫們能平安無事，身體健康，工作順利過日子就是平安福氣。反觀許多人一直祈求長壽，是活到九十幾歲，甚至超過一百歲，但是有些人瑞身子骨算上還很健康，自己生活起居行動尚能自己照料，與子孫們住一起共享天倫之樂，這種人瑞確實活得很有尊嚴令人稱羨好命長歲壽。可是也有一些人瑞，身體不健康，百病纏身，長年臥病在床，有的甚至中風腦死，身體知覺全然麻痺，祇剩心跳與呼吸，又是氣切，又是插管，又是導尿……等等需要特別的照護，帶給子女媳婦們相當大的負擔，如此真實的案例多不勝舉，所以要活，一定要健康，否則只是長壽有什麼用？一點尊嚴也沒有，簡直是另一種受活罪。註『四人生』「空嘴哺舌。」嘴巴內空無一物，祇有空嚼自己的舌頭。此句是形容一個專會空口說大話而無實際行動的人，遇到事情只會一旁姓興風作浪，專講一些無聊的好聽話，對事情一點幫助也沒有，就像電視廣告：「整身死了了，祇剩一支嘴啦。」

◎「氣死驗無傷。」

　　這是一句大人們常說的俗語，也是在勸架時，常用來安慰人不要太過生氣的話。因為人‧生氣，情緒難於控制，在萬分盛怒激動之下，血壓會生高，極容易導致中風或心肌梗塞，把命都氣死掉了，待法醫來驗，也驗不出有外傷來，不足以判定對方的罪行，「氣死驗無傷。」自己將自己氣死，豈不是很冤枉嗎？

◎「勤儉才有底。」

　　「有底」指有基礎或有根底。懂得勤儉的人，才有財力的基礎，有了雄厚的財力作根本，要投資任何事業才有本錢，加上作事肯勤勞打拼，又知道節儉，才是有根底的人。

◎「勤快勤快，有飯閣有菜。」

　　這句是媽媽生前口中常唸的一句話，因為她一向很勤勞，又很會善用時間，別人在閒聊時，她早已趁機去做好她想做的事，尤其她自年輕時就母代父職從事農耕工作，一塊田地，在她勤快的耕耘下，一年四季田地從未閒置過，總是不間斷的有著各季的蔬菜吃，甚至還有蔬菜賣，所以「勤快勤快，有飯閣有菜。」不但是鄰里鄉親對媽媽的稱讚，也是媽媽對我們子女鼓勵工作要勤勞努力，生活才能安定的話語。

◎「乞丐也有三年好運，皇帝也有三年歹運。」

　　俗語說：「花無百日紅，人無百日好。」又說：「天理昭彰，好壞照輪，三年一閏。」意思是說人的運

勢有好有壞，有高有低。樂極會生悲，否極會泰來。就是當乞丐的苦命人與尊貴如皇帝的人，似乎也無法跳脫這命運的輪迴窠臼。這句是勉勵人們要樂觀進取、努力向上。同時也提醒人們不可狗眼看人低，好壞照輪，三年一閏。「乞丐也有三年好運，皇帝也有三年歹運。」

◎「打狗無帶念主人。」

「無帶念」就是沒有顧及。是說打狗的時候，一點也沒有顧及狗隻之主人的情面。此句比喻做事考慮不週到。

◎「乞食飼貓。」

「乞食」即乞丐。是說乞丐自己每天出去向人乞討東西吃都吃不飽，還要養貓。有暗諷不切實際的意味。

◎「少年無風騷，食老才想錯。」

「無風騷」即沒有把握及時行樂。「食老」即活到老之意。這句是說一個人在年輕歲月時候，沒有把握及時行樂（有花堪折直須折的良機），蹉跎了青春錦繡年華，如今自己也老了，心中愛慕的美人兒已人老色衰（或遲暮了），等到這個時候才來後悔當初已經來不及了。

◎「賺兄弟錢，賺不過後世。」

一個只講求個人私利，不講求兄弟姐妹手足情誼的生意人，彼此之間縱有買賣交易，全然無優待照拂，一味只顧賺取利潤，如此行徑就會破壞雙方的感情，也許下一次就不會再生意上門了，這輩子就已經免談了，何來再有下輩子？這句「賺兄弟錢，賺不過後世。」是專用來提醒鑽營功利生意人的警語。

◎「生囝無記性，生了閣再生。」

　　女人生產孩子的分娩過程是很痛苦的，不但懷胎十個月時大腹便便，腳長手短行動不便，生產陣痛的折磨更是錐心之痛，更何況要冒「生贏雞酒香，生輸四片板。」之危險和自己鬥生命。可是每當產婦聽到嬰兒順利的從母體呱呱墜地「哇」的一聲哭起時，相信每位產婦那種欣慰與喜悅，早已忘卻之前懷孕時的所有一切不便與痛苦了，所以說：「生囝無記性，生了閣再生。」，婆婆自己前後也生了九個（其中頭胎女兒屬蛇出生未滿一歲就夭折，第五胎屬牛到五歲多因感染病毒上吐下瀉，當時缺乏醫療，無藥可治，眼睜睜看著一直上吐下瀉不止而死去。），今長大成人者有五男二女，婆婆常說：「一男一女一枝花，五男二女受拖磨。」且說：早期金門地區因無實施生育計畫，女人家結了婚，不懂得避孕方法，就一直不停的生，一直要生到更年期自然無法生育為止，據傳聞地區生最多子女者，共生了一十六個子女（一斤囝），妳說是不是「生囝無記性？否則那敢生了閣再生。」

◎「咒誓互別人死。」

　　「咒誓」在神佛面前或向天立誓，一般是以自家的生命來保證自己的清白，若是有做對不起良心的事來，願遭受天打雷闢，不得好死。「互」音（雨），是給或讓的意思。這句是指一些奸巧又好咒誓的小人，明明就已經做了駭人不可原諒的壞事，就是奸巧不承認，故意

在人神前發誓，發誓時不用自己身家生命保證，卻是用別人的生命來咒誓，存心欺騙鬼神。例如他也許會立誓：「我若是真有做出對不起良心的事，讓我全家人死光光。或是讓我養的雞犬不得好死……」全然與他自己不關痛癢。

◎「日頭赤焱焱，隨人顧性命。」

「日頭」指太陽。「赤焱焱」陽光很強非常炙熱。夏日艷陽高照，烈日當空，每一個人都顧著照料自己趕緊躲避烈日的肆虐，以免危及自身安全，再也無暇去顧及到別人了。此語真正是用來形容人性自私的弱點。

◎「坐怀坐，臭頭ㄟ挖禍。」

這句是罵人閒來無事，清閒不享清閒，偏偏無事生端，惹事生非，招致麻煩事（惹禍上身）的批評用語。

◎「有一好，無二好。」

此句常用來勸勉安慰人對世事要懂得滿足，另一句俗語「福無雙至，禍不單行。」，「人生不如意事長十之八九。」「有一好」就該滿足，不可妄想有一好再有第二好……。

◎「有囝有囝命，無囝天註定。」

一個人的命是上天所註定，包括生男育女，命中早已註定一輩子有幾男幾女，一點也不能去強求。可是就是有某些人，偏偏不信邪，例如他命中也許註定不會有兒子，他偏偏要他老婆不停的生，已經連續生出八個女兒了還不罷休，最後老婆又懷孕了，經婦產科超音波

證實胎兒確屬男性，唯一很遺憾，胎兒先天患嚴重的水
腦症，存活力不樂觀，最後決定人工流產。此時這個望
子心切的人只好傷心難過的說：「有团有团命，無团天
註定。」來安慰自己；而親朋好友也同樣以「有团有团
命，無团天註定。」來勸慰他。其實現在科技醫學昌
明，生兒育女已然可用篩檢精蟲，再施以人工授精法就
可夢想成真。再不然也可去兒童福利機構去辦理正式領
養手續，何必要如此食古不化死腦筋？又幹嘛不知足樂
天安命呢？生女兒照樣栽培，說不定將來其中有幾個很
有出席，不一定就輸給男生啊！更何況「養兒防老」的
觀念已逐漸式微了。

◎「蟲卜命，鼠也卜命。」

　　「卜」音（ㄇㄛˋ）即要之意也。蟲要命，老鼠
也要命，更何況是萬物之靈的人。這句是說生命實在
是很寶貴的，人千萬不可言輕生，「蟲卜命，鼠也卜
命。」。

◎「雞喙變鴨喙。」

　　「雞喙」即雞嘴，嘴尖善啼叫。「鴨喙」即鴨嘴，
扁平不善啼叫。這句是說一個人原先喜歡說話議論別人
的長短與不是，後來自己竟也犯了同樣的毛病，就不敢
再多話了，簡直就像是嘴塞一樣，猶如無話可說了，再
也不敢亂批評議論別人了。

◎「了錢生意無人做，刣（ㄊㄞˊ）頭生意有人做。」

　　做生意的人唯利是圖，死都不怕，有句成語：「人

為財死，鳥為食亡。」所以說虧本賠錢的生意是沒有人願意做的，而能賺大錢的事，既使是會殺頭的生意還是有人會去做。

◎「失食失怪（《メ乀）。」

「失食」失去一頓豐盛的美餐食。「失怪（《メ乀）」失之於被責怪。這句是說別人好意要請你客，去吃一頓，你不去吃，非但沒能吃到好料，還會因此遭到對方的責怪，說你看不起他或是他那裡得罪了你。這就是「失食失怪（《メ乀）。」此句常用來勸導他人要參加別人的邀宴，否則會失責怪之用語。

◎「順風揉倒牆。」

「揉倒」即推倒之意。順著風勢，將牆推倒。義同順水推舟，可收事半功倍之效。

◎「九頓米糕怀上算，一頓冷糜扣起來。」

「一頓」指一餐也，九頓就是九餐。「米糕」是甜的飯（八寶飯）或甜的糕點，在此指的是好吃的東西。「怀上算」即不算數或不說之意。「冷糜」即冷粥。「扣起來」即扣除掉。整句是說一個人被招待時給他吃了九頓（餐）好吃的甜飯不說，偏偏嫌人給他吃了一餐冷粥。也就是說這個人很難奉待，對他百般好不知感恩，好的不說不講而專挑一次稍微不好的講。

◎「看田面，怀通看人面。」

「田面」田地的面貌，指種好田。「怀通」即不可。「看人面」即看人情，指望人家援助。整句是勉勵

人說：自己種好田地有好收獲才最可靠，不可想要倚靠
別人的人情援助是靠不牢的。

◎「緊事寬（ㄅㄨㄚ）辦。」

　　「緊事」要緊的急事。「寬（ㄅㄨㄚ）辦」慢辦、
別急著辦。雖是要緊的急事，也不能急著去辦。因為事
緩則圓，所謂慢功出細火，何況「食緊損破碗」，「緊
走無好腳步」。與另一句「寬（ㄅㄨㄚ）事緊辦。」剛
好意思相反，是說雖是不急之事，也得趕緊處理，要凡
事認真對待，不可掉以輕心，否則會失去良機。

◎「褲帶縛相連。」

　　「褲帶」即腰帶。「縛」即綁之意。是說彼此的腰
帶綁在一起。形容兩人感情相處很好，已好到形影相隨
不分離的意思。

◎「呣怪自家繩索短，只怪他人古井深。」

　　不檢討自己打水桶的繩索準備得不夠長打不到水，反
倒是怪罪別人家的古井挖得太深。此句是用來暗諷一個
凡事只知責怪他人而不知反省自己的人，同時也在勸導
人們，凡事要多作自我批評，不應只會怪罪別人才對。

◎「腳踏馬屎傍官氣。」

　　「腳踏」即腳踩。「傍」是依附。「官氣」即官
勢。古時候，當官的外出大多騎馬，而屬下都步行走路
尾隨在後，一路上難免要踩著馬糞，可是雖然腳踩馬
糞，還是依附官勢，作威作福，仗勢欺人，嚴然一副狐
假虎威的樣子，真是不可一世，所以被人批評為「腳踏

馬屎傍官氣。」

◎「老馬展鬃。」

　　「展」是展開、或奮起。「鬃」是指馬的鬃鬚。詞意是老馬奮鬃（ㄅㄚˋ）顯威風。此句是比喻一個人的老當益壯，威風不減當年年輕時一般。

◎「伓聽老人言，吃苦在眼前。」

　　老人家人生閱歷深，經驗豐富，老人家好言告知應該要聽並做為參考之借鑑。假如伓聽老人言，而要依己見一意孤行的話，一定會遇到挫折或碰一鼻子灰的，吃虧還是自己。

◎「伓八食著豬肉，也八看過豬走路。」

　　「伓八」是從未、未曾。雖然從未吃過豬肉，但也曾經見過豬走路。此句比喻對某事件雖然沒有親自去實踐過，但是對此事也有所認知與了解的意思。

◎「老狗記得久長屎。」

　　「老狗」指高齡年邁的狗。「久長」即遠久以前。老狗記得很遠久以前的大便。此句藉老狗比喻年老又嘮叨、成天喋喋不休的人，老記得很遠久以前的舊事（不管是好的或是壞的）並經常掛在嘴上不斷的重提，實在是有夠煩人的，所以才有此罵。

◎「草仔枝，有時嘛會絆倒人。」

　　「草仔枝」指細小的草枝。細小的草枝，有時候也會將人絆跌倒。此語在藉物擬人。比喻人不可太小看人家之意思。

◎「小啉小人蔘，大啉傷人身。」

　　「小啉」即少飲、少喝。此句係指飲酒的學問，曾記得前任金酒董事長李榮文先生在一次為觀光旅客介紹金門高粱酒時說：「金門的高粱酒，完全是採用大麴發酵後所蒸餾出來的液體，其酒精成分雖高達58℃，可以說是小人蔘，每次小喝兩杯可促進人體血液循環，有益健康。因為高粱酒的酒精濃度達58℃不宜大喝，否則會醉，而且會傷人身體。尤其喝多了再開車易出車禍，所以嗜酒者當記得：開車不喝酒，喝酒不開車的安全警語。」

◎「掠鱟要成雙。」

　　「鱟」是一種生長在海中的節肢動物，也是活化石生物，已列入保育類動物。金門本島的沿海附近各潮間帶，如後豐港、后湖、溪邊、、等地經常有鱟的出現。鱟的出現常是成雙結對，故又稱為「鴛鴦魚」或「夫妻魚」。另有俗語「掠鱟公，了空空。」、「掠孤鱟，衰到老。」也許是「打壞姻緣七代窮」的原因與迷信傳說吧，所以要掠鱟一定要成雙，不能只抓單隻的，否則就要擔心「掠鱟公，了空空。」、「掠孤鱟，衰到老。」的報應了。

◎「三斤貓，咬四斤鳥鼠。」

　　「鳥鼠」即老鼠。自古以來，貓捉老鼠是天經地義的事，可是身體僅三斤重的貓，竟要去咬一隻重達四斤的老鼠，大家說可能嗎？此語也是藉物擬人。比喻一些

自不量力的人，要去做自己所不能勝任的事，豈不好大妄為嗎？

◎「貓來富，狗來起大厝。」

　　據傳說：假如家裡突然來了一隻貓咪，或是來了一隻狗，恁你如何驅趕，牠就是跟定你不願離開，那就是代表與你有緣，姑且不一定就能如俗語所說的，會帶來財富，或讓你起大厝，但是居於愛心，在經濟許可之下，收養一些流浪的貓狗也是積功德的善事一件，何樂而不為呢？

五、生活體驗篇

◎「一樣米飼百樣人。」

　　比喻很多人吃同一樣的米，但是不管是身體的外型、膚色、高矮、長相，以及不同的見識、個性、生活方式、風俗、習慣、品行、道德、理念……等都有各種不同的人。

◎「細囝無六月。」

　　「細囝」，嬰兒也。是說幼小的嬰兒身體抵抗力較弱，就是在最炎熱的夏天（六、七月），也不能讓衣服穿得太少或太薄，否則容易受涼生病。

◎「春天，後母面。」

　　春天的氣候變幻無常，晴時多雲偶陣雨，陰晴不定就像是晚娘（後母）的臉孔一樣，喜怒無常令人難以捉摸。

◎「窮厝無窮路。」

　　「厝」指居家，「路」指出門遠行在外。此句是說平日在家，費用可盡量節省，但是一出了門就無法省，諸如穿著不能太寒酸、坐車、吃飯、住宿等樣樣需用錢。此句常是勸人出門時須多帶些錢，以免在外地路費用盡而陷入困境。現在可不同了，只要有一卡在手，任

何事就ok！

◎「一白勝（《一ㄥˋ）九赤，一烏（黑）怀值狗屎
　跡。」

　　　從古到今，大家都喜歡皮膚白皙的女人，而不喜歡
　膚色很黑的女人，因為黑皮膚的人要化妝時很費功夫，
　穿著衣服也要選對顏色才能顯得好看，而皮膚白皙的女
　人，只要輕抹淡妝，而且搭配任何衣裳都會顯得好看，
　所以說「一白勝（《一ㄥˋ）九赤，一烏（黑）怀值狗
　屎跡」。

◎「清明穀雨，寒死虎母。」

　　　「清明」即每年國曆的四月五日為清明節，「穀
　雨」則是每年國曆的四月二十日或是二十一日。以前的
　氣候，從清明節到穀雨這一段期間正是「春寒雨若濺
　（ㄓㄨㄚ）。」的時候，很寒冷，連一向不畏寒冷的大
　母虎，也有可能會被凍死。可是近幾年來，地球已被人
　類科技文明破壞，宇宙時序早已不似從前，去年（2011
　年）的清明節到穀雨這期間，非但沒下雨，氣候一點也
　不冷，很是反常。

◎「牛哭ㄅㄧㄠˋ（椆），人衰ㄒㄧㄠˋ（溲）。」

　　　「椆」指牛舍。「衰ㄒㄧㄠˋ（溲）」意思是倒
　楣。不管那家養的牛，假如晚上在牛舍（或棚）內無端
　的嘶叫，就象徵這家主人將要有惡運降臨，應該小心慎
　防才對，因為牛哭椆是不尋常的行徑，似對人有所警
　惕，不可大意。

◎「好食，好睏，好放屎。」

　　「好食」即表示食慾良好，腸胃健康。「好睏」即表示無煩無惱，白天生活作息有定律，晚上很好睡，睡眠充足精神好。「好放屎」即表示身體健康，消化及代謝功能良好，每日定時有大便。這「好食，好睏，好放屎。」這三項事情看似簡單，要真正做好做到，並非人人容易可得之事。

◎「橫柴舉入灶。」

　　「灶」是以前的人炊飯煮菜的地方，灶有灶門、煙囪，灶上放一鐵鍋和蓋子，從灶門放入燒煮用的木柴一定要採直的放入才行，因灶門不大，如用橫放一定不能放入，而火就無法燒著，飯菜自然無法煮熟。此句形容有些人明知事不可為而偏要去做，真是鴨霸亂來。

◎「傍神，作福。」

　　「傍」在此作倚靠之意，以前的人生活困苦，平日生活節儉，粗茶淡飯圖個溫飽即可，祇有等到逢年過節或是村中宮廟神明誕辰紀念日，大家都要準備豐盛的三牲供品來拜神，之後順便全家人吃一頓好料的打打牙祭，所以說「傍神，作福。」

◎「二十四節氣。」

　　打開每年的「春牛圖」及金門合作社贈送的「農民曆」，就可來認識二十四節氣。在西洋的曆法中，只分春分、夏至、秋分、冬至等四個節氣作為四季的中心，而我國的農民曆裡把節氣定出了二十四節氣，為了便於

記憶二十四節氣的名稱及順序，將每個節氣名稱各取一個字首按著順序組成一首二十四節氣歌，歌訣：「春雨驚春清穀天，夏滿芒夏暑相逢，秋暑白秋寒霜降，冬雪雪冬大小寒。」二十四節氣及包括了——立春、雨水、驚蟄、春分、清明、穀雨、立夏、小滿、芒種、夏至、小暑、大暑、立秋、處暑、白露、秋分、寒露、霜降、立冬、小雪、大雪、冬至、小寒、大寒。農民跟據這二十四節氣的變化，從事安排農耕活動。下面一首「五穀豐歉詩」更道出了二十四節氣的精髓，也更顯現出祖先前人智慧的偉大與智慧、經驗的結晶。「五穀豐歉詩」的內容錄撰如後：「立春最喜晴一日，元旦景雲光齊天；雨水連綿是豐年，農夫不用力耕田。驚蟄雷鳴未足奇，月內相逢三卯日；春分有雨病人稀，豆麥棉蠶處處宜。清明風若從南起，預報田禾大有收；穀雨相逢初一頭，只憂人民疾病愁。立夏東風少病遭，時逢初六果成多；小滿甲子庚辰日，寄生蝗蟲少稻禾。芒種逢雷美亦然，端陽有雨是豐年；夏至風從西北起，瓜菜園內受風災。小暑之中逢酷熱，五穀田禾多不結；大暑若不逢災危，定是三冬多雨雲。立秋無雨是堪憂，萬物從來只收半；處暑若逢天下雨，縱然結實亦難留。白露秋分多晴氣，處處歌聲好晚禾；秋分只怕雷電閃，冬來米價貴如何。寒露霜飛侵害民，重陽無雨一冬晴；霜降月紅人多病，更遇雷鳴米價增。立冬之日怕逢壬，來歸高田旺用心；小雪若逢壬子日，小民又受病災臨。初一西風盜

賊多，更兼大雪有災難；冬至大陰無日色，來年定唱太平歌。塑日西風六畜災，棉絲五穀總成堆；最喜大寒無雨雪，下歲農夫大發財。」

◎「囝仔人腳川三斗火，也會煮飯也會炊粿。」

這幾天寒流來到，屋外有幾位小朋友不怕冷在嬉戲，婆婆見狀脫口而出說了這句「囝仔人腳穿三斗火，也會煮飯也會炊粿。」「囝仔人」指小孩子，「腳穿」即屁股。「三斗火」形容體溫較高。整句是形容說小孩子的屁股溫度較高就像有三斗火一般不怕冷，衣服不必穿太多。後面一句「也會煮飯也會炊粿。」是加強形容的語詞而且「火」與「粿」是有押韻的，並不是囝仔人腳穿三斗火，真正也會煮飯也會炊粿。

◎「會食則會大，會哭則會活。」

天下父母心，對孩子的愛是無限的，孩子的食量大、胃口好，自然身體長得快又大，發育健康。根據老人家的經驗之談：「剛出世的嬰兒」一定要自然會哭才會活，若是無法自然哭，接生者就要倒著抓起雙腳打嬰兒屁股讓其大聲「哇」的一聲，讓等待的家人聽到嬰兒的哭聲因而感到喜悅和安慰。

◎「月內食一嘴，卡贏月外食到畏。」

「月內」指產婦做月子。「畏」即害怕，驚懼。因產婦懷胎十月，母體本身的營養供胎兒吸收，加上生產過程的辛苦，產後身體虛弱，確實需要進補調養一番才能彌補之前的虧損，所以有這句「月內食一嘴，卡贏月外食

到畏。」的俗語。但是另有一句「補胎卡好補月內。」
這也許是希望胎兒從在母體內時，若能從母體吸收充足
的養分，則先天體質良好，出世之後比較好照養吧！

◎「忕勢愛照鏡，歹命愛相命。」

　　「忕勢」是形容面貌不揚的人。「歹命」指命運乖
違坎坷的人。其貌不揚的人往往特別愛照鏡子，好孤芳
自賞與顧影自憐，每天看看自己有否變漂亮一點？而歹
命的人常常會去算命，總希望有一天，自己的歹命會有
所改變。所以說：「忕勢愛照鏡，歹命愛相命。」

◎「七十三，八十四，閻羅王免叫，自己去。」

　　古時候的人好像比較不長壽，一個人的壽命若能
活到七十三歲或是八十四歲就已感到滿足，人活到此高
壽，「死」就將來到，閻羅王不用來叫，自己也甘願要
去報到之意。反觀現今科學醫藥衛生保健發達，生活養
生把人的壽命已延長了很多，以前是「人生七十古來
稀」，現今是百歲人瑞到處有，尤其是金門島人瑞更
多。有一句俗語：「敢死，閻羅王都驚。」意思是閻羅
王雖然掌管人的壽命，可是當一個人尚未到該死的時
辰，而自己硬要去死，這狀況下，閻羅王是不允許的意
思。因為他的命還不該絕。

◎「雞蛋密密，也有縫。」

　　此句是說雞蛋的殼雖然很緊密，但難免也有空隙的
出現。這句是勸誡人做事當本乎天理良心，「好事應多
做，歹事切莫為。」否則天理昭彰，人在做，天在看，

紙是包不住火的，就像「雞蛋密密，也有縫。」若要人不知，除非己莫為。

◎「個人討米，個人落鼎。」

「落鼎」即下鍋也。一個人為了照顧自己的肚子去向別人乞討到米後，再自己下鍋煮食。此句是用在經濟條件不是很好的時機，勸戒人只要獨善其身照顧自己即可，莫要「再管他人瓦上霜」而想兼善天下的意思。

◎「千金買厝，萬金買厝邊。」

「厝邊」指鄰居。若用一千兩金買房屋，更需要用一萬兩金去買鄰居。這句是強調鄰居的重要性，「遠親不如近鄰。」如果有個好鄰居，萬一遇上發生任何緊急事故時，厝邊就會發揮「守望相助」來做「即時雨」的幫助。再說「里仁為美」，「近朱者赤，近墨者黑。」「厝邊」的選擇真的比買住屋還要更慎重的選擇，所以用「千金買厝，萬金買厝邊。」這句俗語來比喻，並非真正要用比房子更貴十倍的價錢去買厝邊。

◎「笑頭笑面，有通食，閣有通剩。」

老祖母在世時，最愛教示女孩子說：「查某人愛笑頭笑面，將來嫁尪才能有通食，閣有通剩。」千萬怀通一個面成天到晚四十九日烏，親像人欠妳幾千萬沒還你一樣，如此是會顧人厭的。」想一想還滿有道理在，尤其是對生理人來講，老闆或是夥計，若是一幅像彌勒佛的笑頭笑面，就能和氣生財，生意好，賺大錢，自然是有通食，閣有通剩。反之，老闆或是店員，設若成天擺

一張孝男面或四十九日烏的晚娘臭面孔，任誰也不願靠
近向他去買，如此東西一滯銷就可能會過期或退流行，
惡性循環的結果，自然賺錢就少閣無通剩了。

◎「公蟳，母蟹。」

　　公的蟳，母的蟹，是一般人選購時的參考用語，
因為公的蟳肉比較結實鮮美，母的蟹比較有蟹黃，地區
每逢冬至前後是蟳、蟹的盛產季節，如何辨別蟳、蟹的
雌、雄？方法是看腹部中間的前側部位，窄尖的為雄
性，寬圓的為雌性。除此辨識方法之外，還要用手拿秤
一下，重量較沉者肉較肥美，較輕者代表瘦無肉，倘若
不懂得挑選的話，也只有吃到「瘦蟳一窟水，瘦蟹吃後
腿」的後果了。但若是要生醃蟹醬時，也許就不用考慮
公與母了，其實嗜好在於個人，亦無所謂真正的對與
錯，不是嗎？

◎「言多必失，禮多必詐。」

　　話講太多一定會有講錯或不得體的地方，這時候就
有失禮之處。雖然說：「禮多人不怪。」但是當一個人
特別的多禮，已超過普通應有的禮節時，這已不是常態
了，千萬要小心，可能就要有所企圖或有所詐騙。

◎「溜溜秋秋，食二蕊目睭。」

　　「食」即「靠」也。「二蕊」即「兩隻」。「目
睭」即「眼睛」。另一句俗語「出門看天色，入門看面
色。」這兩句俗語皆表示一個人的眼光很重要，待人處
事要靠兩隻眼睛的機靈、察言觀色的去見機行事，才能

機智取利而達到事半功倍的效果。尤其不要太白目惹人厭，該說的不說，不該說的一大堆，「溜溜秋秋」在此僅作語助詞，藉「秋秋」的音與「目睭」來把句子對應押韻的更美而已。

◎「冬瓜好看，怀好食。」

　　「怀」即不也。此句「冬瓜好看，怀好食。」是藉冬瓜的外表雖好看，但瓜肉或許是太老了或是摘放太久已變質，以不好吃了的意思來比喻一個人虛有其表卻沒有實在的內涵。

◎「老ㄟˇ老步定（或在）。」

　　「老ㄟˇ」指年紀比自己較大的人。「老步定（在）」：是指年紀比自己較大的人，經歷事故比較多，人生閱歷經驗豐富，另一句俗語「我走過的橋比你走過的路還長。」「我吃過的鹽比你吃過的米還多。」同樣是表示較年長者足經得起大風大浪的考驗，凡遇事能鎮定、沉著、穩定。不似另一句相反詞「嘴上無毛，做事不牢。」則是說明年輕人血氣方剛易於衝動，凡事欠經驗，判斷力較差，往往做事不能達到完美周詳，不像「老ㄟˇ老步定（在）。」來的可靠又穩當。

◎「歹米厚糠，醜人厚妝。」

　　這句也是用對比而且有押韻。「歹米──醜人」、「厚糠──厚妝」。一般常理來說，良質的好米是經過篩選過的，其中不可能出現挾有米糠；劣質的米才會被不肖的商人摻雜米糠在內，為得是圖以暴利，多賺些黑

心錢。「醜人」指的是五官不漂亮的女人,她一定是臉部化妝要比一些天生麗質的人要打扮濃厚(濃妝艷抹,衣著華麗),來掩飾其不好看的一面,因她天生下來就沒好條件,用厚妝打扮也是符合另一句俗語「三分資娘,七分打扮。」的原則。但是「歹米厚糠」是不對的行為,除非是針對一些想要「貪俗買狗鯊」的人也是理所當然,「一分錢,一分貨。」殺頭的生意有人做,賠錢的生意誰願做?不是嗎?

◎「打鐵趁熱,飲茶趁燒。」

　　打鐵要趁著火熱的時候快敲打,保握良好的時機;飲茶也一樣,要趁著茶熱的時候喝才好喝且有味道。此句是比喻做任何事情,都應該把握良好的最佳時機去認真做,就像「打鐵趁熱,飲茶趁燒。」一樣才容易成功,否則錯失了良機,要再去做同樣的事情,恐怕就要花上「事倍功半」的功夫了。

◎「食緊損破碗。」

　　急著吃得太快了,把碗都給打破了。這句是勸說一個人做任何事,應該謹慎小心,考慮周到,一步一步適時的處理,不可操之過急,凡事欲速則不達,否則就會「食緊損破碗。」

◎「食好逗相報。」

　　古時候交通不發達,信息傳遞不易,許多商品缺乏廣告的宣傳,不管是吃的、用的,全靠使用過後的口碑來造成擴大流通的效果,吃到好的,用到好的東西,

親戚朋友鄰里之間互相通之介紹的意思。反觀現在的電視、電腦的資訊無遠弗屆，各種產品，在媒體的大肆宣導之下，常常誇大其實的過分報導已經讓許多網友們或觀眾們看到不實的廣告而上當受騙，再也不用靠「食好逗相報。」

◎「一人啉一半，感情則燴（ㄇㄟ）散。」

　　　　這句是在喜宴上經常聽到的一句相互敬酒的話，目前交通安全考量，未避免酒測過量被罰，「呼乾啦！」這句勸酒的話已逐漸式微了，而好朋友之間已改用「我開車，咱一人啉一半，感情則燴（ㄇㄟ）散。」甚至以水代酒誠意到就行了。與另一句「一人食一半，感情則燴（ㄇㄟ）散。」意思大致同，唯一這句「食」與「啉」的動詞不同，這「食一半」強調有吃的東西或物品願意與人分享，別人自然會心存感激，有機會當也投桃報李的回饋，如此相互往來，彼此感情自然愈來愈深，不會被疏離散去。

◎「乞食燴（ㄇㄟ）加落粿。」

　　　　「燴（ㄇㄟ）」即不會。「加落」即掉下。乞丐是不會把手中乞討到的果掉下去的。這句是用來比喻諷刺一個很吝嗇的人，他是一毛不拔的，就好像「乞食燴（ㄇㄟ）加落粿。」一樣。

◎「破柴連柴砧也續破。」

　　　　「破柴」即劈柴。「砧」即砧板。「續」即連帶之意。劈柴時連帶柴砧板也跟著劈下。比喻做事魯莽，連

累了親近的人。

◎「富無富過三代，窮無窮過三代。」

　　與上一句意思類似。人的一生際遇，常隨時空的更迭而轉變，貧富現象也隨著時間的推移而互相改變而有不同，正如「好壞照輪，三年一閏。」「乞丐也有三年好運，皇帝也有三年歹運。」這句也是勉勵人要積極進取，不可因一時之不得志就頹廢喪志；也不可依賴祖宗遺留億萬家業就遊手好閒，坐吃山空，揮霍無度的後代不肖子孫，若不能將祖先創立的績業發揚光大，不用說富無富過三代，連二代都無法過。前些日子，在一次參與同事兒子新婚的囍宴上，與陳順德校長坐同一桌，他言起富僑楊忠禮博士（旅居馬來西亞的商業鉅富）是他的太太娘家的親戚長輩，陳順德校長說：「楊忠禮博士是一位很有智慧遠見的商人，尤其對子女的教育更是重視，其夫人也是，她倆夫婦對於興辦教育尤其是熱心的贊助，從屢次慷慨捐鉅款給國立金門大學是不庸置疑的事，而最難能可貴的事是楊博士培育幾個兒子也都學成博士，對其父親龐大的企業經營更是有其年輕人的觀念，他們都有信心在父親原有的基業上發揮更有利的企業經營。所以楊博士跨言：要打破『富不過三代』這句俗語的藩籬。」且讓大家拭目以待，也祝福其偉大的夢想能成真的實現，更期勉大家能效法楊博士一家人的企業經營理念與成就去學習，大家彼此相互共勉吧！

◎「用別人的拳頭母，舂石獅。」

　　「拳頭母」是五指併攏作拳頭。「舂」是舂米，用別人的拳頭母去舂擊石獅子，其結果就如同雞蛋去炸石頭一樣，只有雞蛋會破碎，拳頭母會受傷流血而已，石獅子絲毫也沒受損。此句被引用暗諷拿別人的金錢或借別人的力量去做事或投資做生意，吃虧及損失時都是別人的，自己一點痛癢也沒有。與另一句俗語「死是死道友，唔是死貧道。」意思相同。又與「別人的囝仔死繪（ㄇㄟ）了。」意思也相通。

◎「現現，找到倦。」

　　「現現」即就放在眼前之意。這是許多人都曾經歷過的經驗，明明一件東西擺在眼跟前，就是奇怪，一時間看不見，而去東找西找窮找一番，白白浪費心神與時間，就像「青狂豬仔食無潘。」一般的自我解嘲時而說的「現現，找到倦。」

◎「好言一句三冬暖，惡語傷人六月寒。」

　　「三冬」指三個冬天（過了三個寒冬）。「六月寒」「六月原本是酷熱的夏天，只因聆聽了一句很傷人的惡言惡語，心靈受到了極大的創傷，就是處在酷熱的六月天，還是會感到畏寒（寒心），而若是在失意遇到困境時，有一個善心人士對你說了一句好話來安慰鼓勵你，就是過了三個寒冬，心頭上仍然會感覺一股溫暖在，所以奉勸諸君朋友們！要多說好話使人快樂、溫暖，而要儘量少出惡言，以免傷人。另一句俗語說：

「心壞無人知，嘴壞最厲害。」「惡語傷人六月寒。」岂能不慎乎？

◎「卜擔領一石米，伓擔領一個囝仔痞。」

　　「囝仔痞」指幼兒。寧願要去挑一石米的工作，也不願意去看管一個小幼兒。此句比喻照顧幼兒是一件很麻煩既需很費心而又費力的辛苦事。

◎「常見官繪（ㄇㄟ）畏，常啉酒繪（ㄇㄟ）醉。」

　　「繪（ㄇㄟ）」是不會。「啉酒」即飲酒之意。整句是說常常見到作官的人已司空見慣，根本就不會在怕見官；而經常在喝酒的人已經習以為常，身體體質已經適應酒精的濃度就不容易醉酒了。此句與另一句俗語「常罵伓聽，常打繪（ㄇㄟ）痛。」意思相似。

◎「目睭透心肝。」

　　「目睭」即眼睛。眼睛是人的靈魂之窗。但孟子離婁篇上：「存乎人者，莫良於眸子，眸子不能掩其惡。」是說從一個人無意中的眼神去觀察，就可以約略辨別其人的心是善是惡的形容詞。

◎「講人人到，講鬼鬼到。」

　　此句是說現實生活中，往往有許多巧合之事，在無意間的閒談時，當提到某人的名字時，某人就馬上出現，猶如說曹操，曹操就到。所以長輩們都勸導我們說：「白天（日時）伓通講人，晚上（暝時）伓通講鬼。」的原因應該與「講人人到，講鬼鬼到。」恐有巧合發生之相關。

◎「看花容易，繡花難。」

　　欣賞各種各色的花卉是件人人容易都會的事，可是要用色線一針一線在布面上繡出一朵像真花一樣漂亮的花，可就不是人人都會的工夫了。簡單的說：就是看事易做事難。與「看戲容易做戲難。」意思相同是知易行難的比喻用詞。

◎「骹川有幾支毛，看現現。」

　　「骹川」即屁股。「看現現」即看得清清楚楚。屁股上長有幾支毛，被看得清清楚楚。此句是形容一個人的身分能力早已被看穿一清二楚，騙不了人。

◎「腳手慢鈍食無份。」

　　「慢鈍」即遲鈍、笨拙、反應慢。「無份」即沒份額。手腳慢吞吞的人，吃飯時就被搶吃光了沒份額了。此句用意在勸人辦事要勤快，精英一點，手腳要敏捷俐落，不要慢吞吞的，否則吃虧還是自己。

◎「老實人一條腸仔通骹川。」

　　極其老實的人，其心腸直，講話從不會拐彎抹角，有什麼就說什麼，所以被形容成「老實人一條直腸仔通骹川。」

◎「猛虎也有篤眠時。」

　　「篤眠」是指打瞌睡、打盹兒。再勇猛的老虎有時候也會打瞌睡、打盹兒。此句是比喻高手也有疏忽的時候。正如另一句俗語：「老戲跌落戲棚腳。」有經驗的老戲子也會沒注意，竟跌落戲臺下面。比喻內行人也會

有失誤的時候，意思相類似。

◎「了錢無體面。」

　　「了錢」指賠錢、花錢之意。「體面」指顏面、臉面。此句是說某人倒霉透頂，做生意或與人合夥做某種事業，因眼光不對看不清，結果非但賠了錢，還遭到別人之譏議，真是顏面無光丟臉極了。

◎「了錢無布目。」

　　「布目」指目的。「無布目」什麼目的都沒有。此句與上句同樣是花了錢或是賠了錢，結果什麼目的都沒有達到，也是倒霉透頂，徒勞無益啊！

六、兒歌典故篇

（一）兒歌

◎「草螟公」

　　　草螟公，穿紅裙，卜兜去？卜搭船。船兜去？船板破燒火。火灰兜去？火灰澆（一ㄥˋ）安茨。安茨兜去？安茨去飼豬。豬兜去？豬賣銀。銀兜去？銀娶某。某兜去？某佇在眠床仔腳。」

　　　「草螟公」即蚱蜢，屬蝗蟲類的直翅類，其內側的羽翅是殷紅色的，所以說牠是穿紅裙，其後腳腿特別粗大，擅長跳躍。整首兒歌一直沿用疑問句及相關合理的答案，文字淺顯容易懂又容易記，凡是三、四十年次左右出生的人，小時候都曾經跟著大人們唸過這首「草螟公，穿紅裙，卜兜去？卜搭船。船兜去？船板破燒火。火灰兜去？火灰澆（一ㄥˋ）安茨。安茨兜去？安茨去飼豬。豬兜去？豬賣銀。銀兜去？銀娶某。某兜去？某佇在眠床仔腳。」的傳統順口溜。

◎「牽新娘」

　　　牽新娘，過護硬（ㄅㄞˊ），一碗食，一碗送

（ㄏㄞˊ），送（ㄏㄞˊ）無夠，弄破灶，灶卜起，弄破椅，椅卜坐，弄破被（ㄆㄜˊ），被卜蓋（ㄍㄚˋ），弄著鴨，鴨卜刣（ㄊㄞˊ），弄著狗嬸婆的腹才。」

「護硬（ㄅㄞˊ）」即門檻也。「被（ㄆㄜˊ）」即被子。「「腹才」即肚臍。以前的兒歌有點像乞丐唸「破粿」、或唱蓮花落一般，現在叫著「順口溜」。歌詞的最後一句的最末一字與前一句的最末一字都有「繞口令」似的押韻。

◎「拍手歌（ㄍㄜ）」

拍手歌，演銅鑼，夯交椅，挽仙桃，仙桃子，挽嘴齒（起），嘴齒烏，二丈娶二姑，二姑蕃肖肖（稚氣不懂事），家令（八哥鳥）打曲鳥（喜鵲），曲鳥（喜鵲）飛上山，鎖匙交恁官，恁官白褲白溜溜，阿嫂紅裙套綠綢。牡丹開花結石榴，木筆開花二苞鬚。綠綢絡，捧加老（竹盛器。）加老卜底（盛裝）芋，四條路，路卜行，四個埕，埕卜披（ㄆㄧ曬之意）竹，竹卜剖篾，四個碟，碟卜捧（ㄆㄤ），四個酒瓶（ㄅㄢˊ），酒瓶卜斟酒，四個大頭仔結做朋友。（註：唸這首拍手歌時要兩人相對或坐或站著，個人先兩手自拍一下後再與對方出右手互拍一下，在自拍一下後，換左手互拍，如此反覆續作，直玩到該首歌唸完為止。中間若是一方出錯手時就要讓對方打一下或刮一下鼻子。依個人自己的看法，覺得目的應該是讓小孩子能夠學會專心，手、腦、眼睛、口彼此能協調並用。也即是學習『心、手、腦、

眼睛、口」五到的學習方法吧。）

◎「讚媳婦」

　　「天頂壹點紅，落來香蕉百貳攑，奉爸（ㄅㄟˇ）奉母叫囝來梳頭，頭也光，鬢（ㄍㄜˇ）也光，姐妹相招入花園，花園內，好景緻（風景），百花枝，通（統）結子，狗嬸婆仔娶新婦，識道理。晏晏（晚晚）眠（睡覺），早早起，起來梳粧洗面抹粉點胭脂，上大廳，擦桌椅，入繡房，做針只，落灶腳（入廚房），洗碗碟。公啊婆啊攏歡喜，呵洛（稱讚）兄，呵洛弟，呵洛恁厝爸母爻（賢能）教示，大家官（翁姑雙親）有福氣。」

◎「霧湖霧貼貼（ㄅㄚˋ）」

　　霧湖（霧氣很濃）霧貼貼（ㄅㄚˋ），狗嬸婆仔偷掠鴨，偷掠有？偷掠無？掠著鴨，卜去刣（宰），撞（ㄋㄨㄥˋ）著狗嬸婆仔的腹才。」

◎「風緊來」

　　風緊來，一鐳（ㄌㄨㄟ）互你買鳳梨。風緊去，一鐳（ㄌㄨㄟ）互你買葭笱（ㄍㄚㄓˇ）。」「一鐳（ㄌㄨㄟ）」即是一個銅錢。「緊」是趕快的意思。「葭笱（ㄍㄚㄓˇ）」是用竹皮、或草編織成的手提裝東西的袋子。整句的意思是「風啊！趕快來啊，讓我涼快，我會給你一個銅錢去買鳳梨吃。風啊！趕快離去啊，讓我不必受冷，我會給你一個銅錢去買手提袋，好裝東西用。這是小孩子在夏天天氣炎熱期待風能帶來涼

意；而在冬天寒冷時叫風快離去，不必再讓我我受冷的
順口溜。

◎「戲新娘」

新娘新噹噹，褲底破一孔（ㄎㄤ）。頭前開店窗
（ㄊㄤ），後壁碰米香（ㄆㄤ），米香沒人買，跌落屎
礜底。」

「新噹噹」是形容新娘子一身打扮從頭到腳都是全
新又漂亮的衣服，可是褲底破了一個洞。厝前面開了店
窗（ㄊㄤ），在厝後面製作碰米香（ㄆㄤ），可惜米香
沒人買，不知為什麼，新娘子竟跌落屎礜底。這到底在
影射什麼？請教老前輩們，他們也說不知道，別人這麼
唸，他們也跟著這麼唸，真的不知其所以然。

◎「阿舅來」

阿舅汝來我伓知（ㄓㄞ），我掠雞來刣（宰），雞
小隻（ㄟˊ），我買蝦，蝦小尾，我炊粿，粿無熟，我
買肉（ㄏㄧㄡˋ），肉霉爛，我買麵線，麵線長長，我
買糖，糖烏烏，我買大魚箍（ㄎㄨㄛ），大魚互堅凍，
我縛粽，粽臭角，我掠兩隻羊啊來相觸（ㄅㄤˋ）。

◎「月娘孅」

月娘孅，汝是兄，我是弟，唔通用汝的金鉤刀，割
阮的金鉤耳，互我緊大漢，互我會凍食百貳。

「月娘孅」指月亮。「金鉤刀」指彎彎如刀的新
月。「金鉤耳」指人的一雙耳朵，小時候，個人的耳朵
有時候會出現裂傷流血類似被刀所割的毛病，老祖母就

會責怪我說：「妳一定用手指，指過彎彎如刀的月亮，妳的傷是被月亮割的，要拜月娘孃才會好，拜的同時口中還要唸兒歌，也不知是迷信？還是心理作用，過了一陣子，耳朵裂傷果真好了，奇怪不？」。「緊大漢」是說快點長大成人。「互我」即給我、讓我。「食百貳」是說活到高齡一百貳拾歲。整首兒歌的解釋：月亮啊！你是大哥，我是小弟，我們是親如手足，你不要金鉤刀來割我的一雙耳朵。月娘孃啊！我祈求妳讓我快點長大成人，並能保佑我能活得長壽到一百二十歲。

◎「大箍呆」

　　大箍呆，哎喲白目眉，大箍呆，無人請你著白己來，！來！來！大箍呆，炒韭菜，燒燒一碗來，冷冷阮無愛。大箍呆，炒韭菜，燒燒一碗來，冷冷阮無愛，嘿！到今（ㄍㄚㄅㄚ）你則知，到今你則知。」

　　「大箍呆」指憨笨的人。「白目眉」指不請自來的不速之客。「冷冷」指涼涼已冷的東西。「到今（ㄍㄚㄅㄚ）」是說到現在的意思。整首兒歌大意是：「一個大箍呆的人，就像是個白目眉，大箍呆！你真是一個不請就自來的不速之客，來了就來了，你這個大箍呆，炒韭菜，要趁熱熱的給我來一碗，要是韭菜已經放涼了，我可不愛吃噢。嘿！大箍呆，到現在你才知道我的挑剔，到現在你才知道我的挑剔。」這首傳統唸歌的確很有趣，不但是描繪不請自來的不速之客，吃人家的東西竟還要挑三揀四的，確實是「白目眉」又閣「大面神」。

◎「做人厝新婦」

　　做人厝新婦，著愛識道理。煩惱天未光，雞仔還無飼，鴨仔生無卵。煩惱小姑卜嫁無嫁妝，煩惱小叔卜娶無眠床。」

　　做人家的媳婦，就要知情達理。天尚未亮就開始煩惱，煩惱雞還沒餵、母鴨生不出蛋、還有煩惱小姑將要出嫁的嫁妝還沒準備好，更煩惱小叔要娶太太沒有新眠床、、等一大堆的煩惱永遠操心不完。

◎「人插花」

　　人插花，你插草，人刣雞，你刣狗，人睏金眠床，你睏門腳口，人戴新帽，你戴破畚斗。」這是一首嘲諷瘋子（神經病）的兒歌。大意是：「人家家裡（或頭上）插的是新鮮的花，而你家裡（或頭上）插的是野草。人家殺的是雞，而你家殺的是狗。人家睡的是金質的高級床，而你睡的是在門外的牆腳埕。人家頭上戴的是新帽子，而你頭上戴的是破的畚斗。」完全是用兩種極端的對比來形容兩種不同身分與環境的差跌待遇對比。

◎「白鷺鷥」

　　白鷺鷥，擔畚箕，擔到海仔墘（海岸邊），跋一倒（跌一交），撿一錢，買餅分大姨，大姨嫌無外（不夠多也），掠鳥屬仔來咀咒（發誓），咀咒有，咀咒無，投（投訴）嬸婆，婉婆去做客，投（投訴）大伯，大伯去賣粗紙，投來投去投著我（ㄨㄚˋ）。我心肝，撲撲彈，雞母換雞嫩（ㄉㄨㄚ），雞嫩（ㄉㄨㄚ）跳過枝，

樹莓換荔枝，荔枝熟的挽去食（ㄐㄧㄚ），生（ㄑㄧ）的送丈人，丈人婀娜（讚美）哥，婀娜嫂，婀娜紅綢鞋十八雙，草阿十八把（ㄅㄟˋ），牛對馬，馬相踢（ㄊㄢˋ），家（ㄍㄚ）蚤對木（ㄇㄚˋ）蝨（臭蟲），木蝨走去坫（店），龜咬劍，劍輪輪，找不見將軍，將軍去跑馬，找不見阿姐，阿姐去洗衫，找不見麋罄（瓷飯鍋），麋罄去底（ㄉㄨㄟˋ盛）糜，找不見火叉，火叉去撈火，找不見粿，粿契（ㄎㄝˋ）互狗仔呶（ㄋㄠˋ）一空（ㄎㄤ），昨暝搬（做戲）宋江，宋江分阮看，昨暝搬雨傘，雨傘分阮遮，昨暝搬柴屐，柴屐分阮穿，昨暝搬楊令，楊令公，楊令婆，掊（ㄅㄨˇ）狗屎互囝仔食七桃（吃著玩）。

◎「一隻鳥仔」

一隻鳥仔飛過墩，外嬤疼外孫，姨阿叫阮來，妗阿嫌阮否（ㄆㄞˋ），舅阿嫌阮接接（頻繁）來。阮是為著公嬤代，無阮三年五年攏呣愛來。

◎「阿兵哥」

阿兵哥，錢多多，食饅頭，食甲嘴齒烏索索，歸日（ㄍㄤ）得迫迌，看著美（ㄙㄨㄟˋ）查某，著歸身軀（全身）軟索索。」

「阿兵哥」這是40、50年代，金門地區因屬戰地前哨，島上駐守大批軍隊，一時間，百性皆稱軍隊為「阿兵哥」。那時候的百姓們三餐皆以安莸為主食，看見軍隊每天早晨吃的是饅頭、豆漿，中、晚餐皆吃大白米

飯，有菜又有湯，所過的生活儼然像是有錢人家一樣，所以說「錢多多，食饅頭」。雖然當時到處崗哨林立，但是沒輪到值崗哨者，整日清閒有得玩，有得逛，「歸日得迡迡（到處閒逛遊玩）」。看見漂亮的美姑娘就心花怒放，全身骨頭都輕得沒四兩重（比喻身子軟索索的）。

◎「天黑黑」

　　天黑黑，卜落雨，阿公舉鋤頭，卜去清水路，清阿清，清著一尾竹甲魚，五斤五，阿公卜煮鹹，阿嬤卜煮淡（ㄐㄧㄚˋ），兩個相打弄破鼎，弄破鼎。」與台語的「天黑黑，卜落雨，阿公舉鋤頭，卜挖芋，挖阿挖，挖著一尾宣溜股，阿公卜煮鹹，阿嬤卜煮淡（ㄐㄧㄚˋ），兩個相打弄破鼎，唉呦！，弄破鼎，嘿呦伊哆嘿哆隆冬嗆，哇哈哈。」這兩首兒歌僅工作內容與挖到的收穫物不同而已，皆有押韻，易讓兒童朗朗上口。

◎「搖嬰歌」

　　嗚嬰嗚嬰睏，一暝大一吋，嬰仔寄人睏，恁母去東俊。嗚嬰嗚嬰惜，一暝大一尺，嬰仔人替惜（ㄒㄧㄡˋ），恁母去西借（ㄐㄧㄡˋ）。」

　　這首唸謠已經五十年沒再唸過，大部分語音記得，可惜用字不一定合適，祈願先進們能賜正。

◎「過新年」

　　初一人拜神，初二人拜人，初三窮鬼日（睏到飽），初四人等神（接神日），初五隔開，初六挹（ㄧˋ）肥，初七七元，初八團圓，初九天公生，初十地嬤生，十一

請子婿，十二請查某子返來拜，十三食泔糜配芥菜（關老爺生），十四月光搭燈棚，十五上元暝，十六看煙火，十七倒燈棚，十八脫下鞋，十九張牛犁，二十上山種金瓜。」

「挹肥」是舊農業時代，因農作物的肥料是靠人畜的排泄物當肥料，過年要休息五天過後才開始做活，挹肥就是把屎礐的糞尿舀起挑移去田裡潑澆之意。這首唸謠從正月初一日到二十日的日子內容都講出來，讓小孩們唸啊唸，無形中就認知了初一到二十各日子裡的大致相關重要工作內容。

◎「ＡＢＣ」（一）

ＡＢＣ，狗咬豬 阿公仔坐飛機，跋一下，歸身（全身）冷支支（驚嚇過度，全身冰冷），叫醫生緊來甲（給）伊（他）醫，醫啊醫，醫一下跤骨變作大小支。」

◎「ＡＢＣ」（二）

ＡＢＣ，狗咬豬，阿婆坐飛機，從機上摔落來，壓著洗衣機，阿婆跋起來，整個（ㄍㄨㄟ ㄧㄝˊ）尻川冷支支。」

◎「ＡＢＣ」（三）

ＡＢＣ，田雞咪，汝看我，我看伊。

◎「白鷺鷥，車畚箕，車到港仔漧，跋一倒，拾到兩仙錢，一錢買大餅，送大姨，一錢留起來，好過年。」

（註：這一首是台語版的）

◎「放雞鴨歌」又名（玩丟沙袋歌）或（食李仔歌）

　　一放雞，二放鴨，三展開，四拾搭，五貼胸，六拍手，七轉球，八摸鼻，九咬耳，十食李，十一挽（ㄇㄢˋ）嘴齒（ㄎㄧˋ），十二摳（ㄎㄤˋ）腳痞（ㄆㄧˋ），十三吹侯哈（ㄏㄡˇㄏㄚˋ），十四穿新衫，十五死就煞。這是小時候與玩伴坐在地上玩吃石子（食李仔）或玩丟沙袋的遊戲時嘴巴同時一起唸的口訣。

◎「炒米香」

　　一的炒米香，二的炒韭菜，三的沖沖滾，四的炒米粉，五的五將軍，六的攬子孫，七的七蝦米，八的信肚緒，九的倒在蠕，十的倚起來看，打你千，打你萬，打你一千過五萬。」

　　上兩首是從一到十的數字唸謠，為了使兒童唸起來生動活潑，加上一些週邊的生活內容及動作更加逗趣。

◎「店麻咖」

　　店麻咖，黏到腳，叫阿爸，買豬腳，豬腳箍仔，滾爛爛，夭鬼囝仔流嘴涎（口水）。」

　　「店麻咖」指柏油。因柏油鋪在路上，夏天一到，柏油經太陽酷曬後會溶化變軟，不小心踩到會黏上腳。「夭鬼囝仔」指嘴饞貪吃的小孩。

◎「拾魚鰡」

　　羞，羞，羞，提籃仔拾魚鰡，攏總拾多少？攏總拾兩尾，一尾煮來呷，一尾糊目睭。」

◎「田蛉飛」

　　田蛉，蛉蛉飛，狗仔咬你尾，妳燒香，阮點火，人咬龜，妳咬粿。

　　「田蛉」即蜻蜓。這是小時候隨人學唸的其中之一首。

◎「火金姑」（一）

　　火金姑，來呷茶，茶燒燒，呷香蕉，香蕉冷冷，吃龍眼，龍眼無肉，吃雞肉，雞肉油油，吃醬油，醬油鹹鹹，吃李鹹，李鹹酸酸，吃尻川，尻川臭臭，吃一下，死翹翹。

◎「火金姑」（二）

　　火金姑，來呷茶，茶燒燒，呷香蕉，香蕉冷冷，吃龍眼，龍眼愛撥殼，換來食藍仔菝．藍仔菝專專籽，害阮食一下落嗥齒，害阮食一下落嗥齒。

　　以上這兩首歌歌詞將火金姑擬人化，充滿著童趣又有押韻及接龍的韻味，雖然只有短短的幾句，卻讓人感到逗趣的氣氛，真是古錐可愛。

◎「金門好」

　　金門好，金門攏是寶。百姓尊賢又敬老，國軍部隊軍紀好，打仗好戰果，人人多呵洛（稱讚）。共匪攻打大膽島，互咱打甲東歪又西倒。倒得共匪孤單單，金門土產出蚵乾。高粱酒，堆如山，黃花鱘魚掠得滿海坺。共匪想卜來偷搬，國軍機關槍擺海灘，打甲共匪屎尿吱吱濺。

◎「金門人」（一）

　　金門人，真樸實，勤作穡，儉過日。對國家，最忠實，辦代誌，真正直，二凡二，一凡一，不貪求，無固執。

◎「金門人」（二）

　　金門人，講義氣，交朋友，重情義，待別人，勝自己，有禮貌，真和氣。

　　金門人，重氣節，行仁義，大小事，先講理，不相欺，不爭利，真誠意。

◎「金門人」（三）

　　金門人，真樸實，儉自己，平常日，配豆豉，請人客，真誠意，大魚肉，滿桌是。

　　金門人，重名譽，古早時，多科舉，現當今，教子女，勤讀書，守規矩，不嬉戲。

◎「打日本」

　　圓阿湯，強強滾，中國戰日本，阿兄當頭陣，小弟做後盾，打甲日本變作安茨粉。

◎「思君落番」

　　東天北風寒，暝（夜）來又無伴，愛吾君（夫），無地（處）看，暝日守孤單，君汝佇番邦，妾身佇唐山（家鄉），等甲無處看，割腸擱割肝，除非君返來，阮心則喜歡（ㄏㄨㄚ）。

◎「打鐵歌」

　　打鐵阿打家（ㄍㄚ剪）刀，小妹卜嫁著項無，緊

緊寫批（信）交大哥，大哥添粧一甕銀，二哥添粧一甕錢，三哥添粧剪被堆（邊），外公外嬤添粧一對紅紗燈，點互（給）大廳光嬰嬰，點互（給）房間光銅銅，點互（給）蚊帳內，照著一個新娘人。

（二）典故

◎「七爺，八爺。」

今年和往年一樣，四月十二日城隍爺出巡時，一高一低的七爺、八爺是必須陪駕出巡的重要角色。七爺和八爺是道教中的神祇，為了讓很多和我一樣對「七爺、八爺」一知半解的信眾，能有較深一層的認識，特地向地區多位對文史頗有研究的學者去請教，結果很感恩金寧中小學校長許維民學弟，他毫不自私的將自己辛苦搜尋的有關「七爺、八爺」的故事資料，願意分享，用電子郵件傳給了我。並經其同意將七爺，八爺故事內容揭曉如下：「七爺又名謝將軍，俗名謝必安；八爺又名范將軍，俗名范無救。謝范二將軍，一位身高一丈四，一位身高僅五尺。傳說他倆是福建閩縣人，自幼情同手足，有一天相約外出，走到南台橋下，天空一片烏黑將下大雨，七爺要八爺等待，他趕回家去拿雨傘，不料一會兒大豪雨傾盆而下，河水因而暴漲，八爺為了遵守約定，不願離開橋下，竟因身材矮小，被突然暴漲河水淹歿，

　　當七爺拿傘趕來時，八爺已被洪水捲走，七爺痛不欲生，也要投河殉死，卻因身材太高，水淹不死，就吊死在橋頭的樹下，這一幕感人的故事被玉皇大帝知道後，就招派他們當城隍爺的部下，專門負責捉拿陽世間作奸犯科的罪徒來接受城隍爺的審判。七爺謝將軍身長，頭戴白帽，上書「一見大喜」四字，口吐紅舌（因他是吊死在樹下），眉頭緊鎖，一臉惶恐狀，身穿白袍，右手拿一把羽毛扇，傳說扇子的每一根羽毛，都寫著作惡人的名字，左手拿令牌，的確是人見人怕，又被稱為「白無常」。八爺范將軍矮胖，頭戴黑帽，面色黝黑，臉額有深深皺紋，眼眶深陷，瞳孔突出，嘴巴開啟，有憤怒神色，身穿黑袍，左手拿著「賞善罰惡」的牌子，右手持枷鎖鐵鍊，又被稱為「黑無常」。這兩位捕拿惡鬼的專差，形狀怪誕，叫人懾服，有人說「謝必安」，就是有酬謝神明則必安，「范無救」，就是作惡犯法的人必無救。從他們的外表看，一個是身材高大，頭戴長高帽，手持羽毛扇，走起路來大搖大擺的這位是謝將軍，另外一位則是個子較矮小，頭比較大，但是性情很剛烈，又妒惡如仇的范將軍。他們兩人為遵守信約而被洪水淹死及上吊樹下身亡，後人為了表彰他倆重守信約的精神而犧牲，將之奉為神明，流傳至今。又因他們兩位常形影不離，現在有人如看到兩位身材一高一低的好朋友走在一起，也會用「七爺、八爺」來嘲諷一番。

◎「爛土有刺。」

　　這句俗語是我在賢庵任職時，一位學生家長姓陳，家住古區來校等孩子放學，我請其到校長室坐談，在認及本家後告訴我這句「爛土有刺。」的故事，迄今已事隔二十年了，當寫到許獬的許氏宗祠時忽然想起與之有關的這句「爛土有刺。」的故事來。許獬考取功名後，就在金城後浦南門境興建許氏宗祠，據說當時士大夫有徵用民工的權利，恰好一位住古區村的陳姓鄉民因到後浦購物，被強拉去做泥水工，這鄉民有一個大約八歲的兒子，中午從學堂放學，歡天喜地正想回家大吃一頓父親從後浦採買回來豐盛的祭祀祖先的好菜肴，誰知家裡一點動靜也沒有，氣氛不一樣，後來媽媽說明父親被強拉去當差作工之事，這孩子忍餓跑了四里路找到南門建許氏宗祠的現場來接替父親的泥水工作，他故意穿著讀書人才能穿的漂亮布鞋，在爛灰泥堆上踩踏拌攪，許會元在巡工時看到即問：「你這孩子，怎可如此糟蹋讀書人才能穿的漂亮鞋子？」孩子應聲回答：「我是因為害怕『爛土有刺』啊！」許會元一聽大驚，想不到才七、八歲大的鄉下孩子竟能說出如此非同尋常的話來，於是說：「好吧！你們父子回去吧。」這孩子便是古區村的陳昌文，他在熹宗天啟二年（1622年）考中進士，派任廣西省平樂府推官（即現今的高等法院法官）、南刑科給事中（即現今的監察院的監察委員），金門人尊稱其為「陳刑科」。自此之後，『爛土有刺』這句俗語也成

了一句不朽的故事典故。其實「爛土有刺」這四個字的巧妙涵義，是爛泥土通常在地上，原本是任人踐踏的，但是萬一土堆裡混有看不見的尖利草芒，人打赤腳必受其傷，這是爛泥土回報踐踏它的人類最公道的懲罰。這小孩當時回說這話的用意是：勿以為你是進士就了不起，便可隨意欺負人（有權徵用民工），將來有一天，我也要考個進士讓你瞧瞧之意。

◎「今年食苦菜，明年生許獬。」

　　此句俗語早在民國八十年任職賢庵國小校長任內就聽過后湖分校的同仁說過，其典故是：許獬的父親，是一位宅心仁厚者，據說有一次在要返鄉過年的路途中，因見多位鄉親孤苦無依，眼見就要除夕過新年，可是遇上的幾位鄉親實在生活很貧苦，一時大發憐憫之心，悉數將身上本要繫返家鄉過年的錢通通捐助給這些貧苦的人，導致自己身無分文的回到家，連累了自家人必須以吃苦菜來充當年夜飯，許父（名諱振之）此一義舉終感動了天地神明，特賜麟兒，讓已身懷六甲的許太太，在翌年生下許獬。「許獬」字遜，號鐘斗，天賦穎悟，九歲即能文，明代萬曆二十九年（1602年，）會試居首，殿試再得二甲一名，曾自勵云：「取天下第一等名位，不若幹天下第一等事業，更不若做天下第一等人品。」這位光大門楣的麟兒許獬，當年就是在坊間流行的「今年食苦菜，明年生許獬。」的善有善報的最佳典範故事。

◎「提籃仔假燒金。」

　　這句俗語的由來是這樣的，據說清朝時代在府城的東安坊建有一間「呂祖廟」，奉祀的主神是八仙之一的呂洞賓，當時住有一位犯戒做老娼頭的不淨尼姑，專門引誘來廟燒金、燒香的婦人予　些無聊漢或是想姦淫某人妻女的色鬼，或是給某些想要搞婚外情的男女借廟裡某暗室作為幽會互通款曲的場所，而從中取利。這些受引誘的婦人，或是自己想要紅杏出牆的婦人，就會假意騙其家人，提著裝有香、拜拜用的金銀紙、供品的籃子，或與同伴、或獨自前去「呂祖廟」拜拜，若是與同伴一起去，等走到回家的路上，就趕緊藉口說：我擺在供桌上的供品忘了拿。要同伴先行回去，而自己則折返廟裡去與由老尼姑事先約好的男人勾搭做出非份見不得人的事來。所以「提籃仔假燒金。」這句俗語後來被引用某人表面上是在做一件事，暗地裡自己又偷偷去做另外一件事的暗諷用詞。

◎「魚趁生，人趁芷，蝦趁跳」。

　　「生」新鮮也。「芷」幼、年輕。意思是魚要趁新鮮才有人買，人貴年輕力壯有本錢才能去打拼，蝦子也要趁活著會跳才受買者歡迎。此句藉來比喻人要把握少年寶貴光陰，千萬不能磋跎歲月，努力開創錦繡的前程。不要「少年怀識想，食老則怀成樣。」與滿江紅的歌詞「莫等閒，白了少年頭，空悲切。」意思相同。

◎「仙屎唔食，食乞丐屎。」

　　「唔」是不之意。神仙的大便不吃，反而去吃乞丐
的大便。此語是形容某些人個性很怪癖，（神仙的大便
不吃）指好的、有利於他的偏不學，（吃乞丐的大便）
指壞的，不利於他的偏要去學，也有點「春牛ㄍㄤˋ格
天」的意思。

◎「海龍王，辭水。」

　　「辭」推辭之意。海龍王拒絕水是一件出乎人意料
之外的反常事。此句用來暗諷一個一向貪財的人，竟出
人意料的有錢給他竟然不要錢，這有點假客氣、飢鬼假
細膩之意。

◎「寄生佔螺仔殼。」

　　「寄生」指在淺海灘一種住在螺仔殼內的寄生物。
寄生物佔住螺仔殼內，比喻喧賓奪主，或乞丐趕廟公之
意思。

◎「芒冬生鵝卵。」

　　「芒冬」是灰頭鷦鶯的土稱，牠是一種體型很小，
腿與腳細如草桿子的小鳥兒，可是牠生下來的蛋卻像鵝
卵那樣大顆。所以說：「芒冬生鵝卵。」，此語常用
來形容一位身材嬌小的婦女，居然能生出身材壯碩的孩
子來。

◎「五色人，講十色話。」

　　「五色人」指社會上各界人士，或各方人馬。「十
色話」指很多話題，也形容多言多語。在這個社會上，

就是有很多不同的人，一天到晚就專講一些閒言閒語，尤其是每逢選舉之前的時段，對各候選人的人身攻擊、身家背景、政治理念……等等，不管是新聞或媒體整天報導、辯論、雙方互相控告……各講各話，真是「五色人，講十色話。」吵死人了。

◎「有路無厝。」

這句原來是指「流浪漢」或「街友」，因為這些人本身沒有屬於自己的房子可住，一天到晚皆在外面遊蕩，走東走西，居無定所的人叫「有路無厝。」，可是曾經聽過朋友罵自己的孩子「有路無厝。」，根據觀察了解，原來該朋友的孩子，一天到晚皆在外面與同學遊蕩，今天住張三家，明天住李四家，久久才回自己的家一次，莫怪會被罵：「有路無厝。」

◎「聖旨嘴。」

「聖旨」即帝王的命令。古時候的皇帝所說出的話，不論內容是什麼，都須算數，所以說：「君無戲言。」這裡「聖旨嘴。」指的是顧客們抱怨店家所賣的貨品「不二價」，不能討價還價的形容詞。

◎「猛虎繪（ㄇㄟˋ）對得猴群。」

「繪（ㄇㄟˋ）」即不能之意。既使是猛虎，也不能敵得過猴群。比喻寡不敵眾，集體團結力量大的俗語。

◎「香肢蚊命。」

「香肢」是線香的細條。「蚊命」身體像蚊子般的微細。「香肢蚊命。」是用來誇大其詞的形容一個身體

過於瘦弱的人。

◎「狗咬呂洞賓，不識好人心。」

　　「呂洞賓」是八仙之一，在此被引為好人。整句是
說一個善惡不分、是非不明的人，正如同狗（指畜牲）
一般的不分好人壞人亂咬一通。

◎「逼虎傷人。」

　　「逼」是逼迫。是說把老虎逼迫急了，牠是會咬傷
人的。此語在形容人不可欺人太甚，否則必遭還擊。也
在勸導人凡事不可做得太絕，要留有餘地。所謂退一步
海闊天空，不要欺人太甚，否則將遭「逼虎傷人。」的
後果。

◎「狀元未必知，會元好（ㄏㄠˇ）包內。」

　　「好（ㄏㄠˇ）包內」即腰包內、或皮包內（裝
錢的袋子）。許獬原名行周，係本鄉后湖人，其家庭世
代書香，許獬向以博學多聞著稱，自我期許甚高，俗語
「狀元未必知，會元好（ㄏㄠˇ）包內。」這句就是
他語出驚人且一語成讖的有名話語，果然在明代萬曆
二十九年（1602年，）明神宗時會考中一試佔進士魁
首，殿試再得二甲一名，授翰林院編修，民間尊稱「許
會元」享譽天下，後來后湖村興建的「會元館」就是用
來紀念許獬的許氏宗祠。

◎「男穿靴，女戴髻（ㄐㄧˋ）。」

　　「靴」指長筒的鞋。「髻」把頭髮挽起來束在頭頂
上的稱之。在此「髻」應讀（ㄍㄜˇ）音。男穿靴，女

戴臌（ㄍㄜˇ）是形容男人的腿腳患水腫，而女人的頭臉也患水腫，現在來說，男女的身體若是患有水腫，大概是嚴重的腎臟病，以前無洗腎的技術及換血的治療，可以說已經是要死亡的徵兆了。

◎「無金不成同。」

　　「無金」是說沒有金門。「同」則指同安縣。翻開金門縣誌，金門原隸屬同安縣管轄長達一千七百多年的歷史，直到民國四年才獨立設縣，金門民風淳樸，夙有「海濱鄒魯」美稱。更深受朱熹教化，民尚禮儀，尤以明代文治，清代武功著稱於世。其文風鼎盛、人才濟濟，一直是金門人引以為傲的史實，許許多多文官武將留卜了膾炙人口的典範成果，金門終成為同安縣境中一個受人欽羨的地方，所以說假如沒有金門的文風興盛出了名，就成就不了同安縣的光采「無金不成同」的緣故。

◎「三人共五目，日後無長短腳話。」

　　這是傳說故事中一個媒婆，為一個腳跛的男子和一個獨眼的女子介紹姻緣，在相親的過程中，媒婆巧妙安排跛腳的男子騎在馬背上，讓人只看到五官端正，英姿煥發的一面，看不出腳跛的缺陷；而獨眼的女子則安排在門邊後面，用門板遮住一隻壞眼，只露出好眼的半邊臉來讓男子相親看，此時媒婆就講：「今日咱三人共五目，望日後無長短腳話。」這句俗語是諷刺媒人嘴糊瑞瑞（ㄇㄨㄟˋ），所說的話是不能全然相信的。媒人常對被撮合的新人說：「我只包你入洞房，不包妳一世人。」

◎「歹竹出好筍。」

　　本身長的不是很好條件的竹子，有時候偏偏就生出又搭叉好的筍子來。用這句「歹竹出好筍。」來比喻一些資質平庸普通的父母，卻能培育出聰明、優秀、傑出的好子女。前一陣子，由經濟部主辦的2011 IDEAS SHOW網路創意展，經過初審、複賽和決賽，最後成績揭曉，兩項最受矚目的企業獎大獎──「英特爾企業獎」與「華碩雲端服務創新獎」，皆由金門旅台就讀逢甲大學資訊工程研究所一年級學生林芳本同學開創的「now.in廣播與收聽全世界！」贏得獎項，並將代表中華民國前往美國參加國際競賽。地區得此佳音後曾於去（100）年八月十六日金門日報刊登披露，當我看報得知此新聞時，真是萬分高興，而且感到與有榮焉，因為林同學也是金湖國小畢業的學生，也是同一村里（營山村）的人，更是好友林怡種課長的第二兒子，所以趕緊打電話向他恭喜，林怡種課長卻很謙虛的說：「謝謝關心啦！真是『歹竹出好筍。』」在此衷心的祝福林芳本同學代表我們中華民國前往美國參加國際競賽能再脫穎而出，再度贏得大獎，讓金門青年子弟能躍上國際舞台，為金門爭光！

◎「六月芥菜，假有心。」

　　「芥菜」即刈菜，蔬菜名。芥菜一般種植在冬季的十一、二月為盛產期，因為芥菜在冬季才有肥碩的菜心可吃，或採芥菜心來醃製成菜心去販售以增加收入。

所以有一句俗語「十二月芥菜，有心。」又因芥菜從植株時，就應慢慢從其最底層將葉子摘除，以免葉子太大而分散主幹（芥菜心）的養分，菜心就無法長得肥碩壯大，所以又有另一句俗語「芥菜無剝，不成欉。」此語是在隱喻一般父母養育小孩，必須從小就要加以調教，把不良的習性去除，給予適當的照顧，孩子才能健康的成長茁壯。而「六月芥菜假有心。」是說在六月種芥菜根本時候季節不對，既使能成長，恐只能吃其葉子或菜莖而已，絕無法長出菜心來。此語是藉以諷刺一個對待人不是真心實意而是虛情假意的形容詞。

◎「查某囝，菜籽命。」

　　「查某囝」及女兒。「菜籽」及蔬菜的種子。這是比喻女兒嫁出去就好像菜種子被播種一樣。嫁給的丈夫和夫家的環境就如同承種的田地土壤，土壤的肥沃會影響種子的生根發芽與將來的豐收成果之良窳。

◎「牛牽到北京，也是牛。」

　　此句俗語在平時經常聽到有人說，意思是藉牛來比喻一個人的本性難移，或是笨牛就是笨牛。其實「牛牽到北京，也是牛。」是有個小故事，傳說：從前有位秀才和一位鄉巴佬（不太識字的莽漢）一同上北京城去遊玩，當兩人走到北京紫金城『午門』前，這位鄉巴佬很好奇的問說：「這皇宮裡也養牛？你看！這裡還建一座這麼漂亮的牛門。」秀才一時被問得莫名其妙，簡直是一頭霧水，後來才抬頭一看，終於搞清楚，原來這位

鄉巴佬老兄把『午門』看成『牛門』，秀才立即糾正
他，不料他不但不認錯，反而要跟秀才打賭一兩銀子，
看誰對誰錯？秀才自認一定會贏，就答應了他。這時
『午門』裡正好走出一位翰林院出身的大學士，他倆就
找他來評理，大學士見鄉巴佬粗聲粗氣的說：「應該
『牛門』才對。」大學士沉思了半響後說：「牛門是對
的。」鄉巴佬好高興的贏了一兩銀子，興高采烈的逛街
去了。秀才對這位大學士的評斷結果很不服，心有不甘
的質問大學士「明明就是『午門』啊！」這時候大學士
才徐徐的回答秀才說：「對這種不可理喻的笨牛，你就
花一兩銀子，叫他一輩子『牛門』吧！」。

◎「狗，伓食芋。」

　　根據故事傳說：狗的祖先有一次正被兇殘的老虎追
殺時，逃進一片芋田裏面，由於滿田芋頭葉子的庇護，
才讓狗祖先免遭老虎吞噬得命運，狗祖先為了報答芋頭
葉子的掩護救命之恩，立誓從此不再吃芋頭，以示報
恩。可是這句「狗，伓食芋。」現今卻被用來調侃暗諷
一些不愛吃芋頭的人是「狗」。

叁、【參考書目】

（一）　金門話考釋（民國88年／洪乾祐著／金門縣政府）

（二）　浯洲俗諺集（民國98年／林永塘著／金門縣文化局）

（三）　浯鄉俗諺風華錄（民國96年／許丕華／金門縣文化局）

（四）　金門日報副刊咱的俗語專欄（民國94年／多位作者）

（五）　成語典（民國80年／瞄延竹編著／陽明書局）

（六）　金門縣志（民國80年／金門縣政府／金門縣立社會教育館）

（七）　台灣人智慧俗語（民國91年／溫惠雄編著／吳氏圖書有限公司）

（八）　鄉諺俚語采風情（民國91年／鄭藩派編著／金門縣政府）

（九）　說文解字注（民國97年／段玉裁編著／頂淵文化）

（十）　辭彙（民國93年／登福出版社編著／幼福）

語言文學類　ZG0090

雪泥鴻爪話俗語
——有趣的金門俗語集錦

作　　者／陳麗玉
責任編輯／林千惠
圖文排版／蘇榆茵
封面設計／蔡瑋中

贊助單位／金門縣文化局
出 版 者／陳麗玉
印製發行／秀威資訊科技股份有限公司
　　　　　114台北市內湖區瑞光路76巷65號1樓
　　　　　電話：+886-2-2796-3638　傳真：+886-2-2796-1377
　　　　　http://www.showwe.com.tw
劃撥帳號／19563868　戶名：秀威資訊科技股份有限公司
　　　　　讀者服務信箱：service@showwe.com.tw
展售門市／國家書店（松江門市）
　　　　　104台北市中山區松江路209號1樓
　　　　　電話：+886-2-2518-0207　傳真：+886-2-2518-0778
網路訂購／秀威網路書店：http://www.bodbooks.com.tw
　　　　　國家網路書店：http://www.govbooks.com.tw
圖書經銷／紅螞蟻圖書有限公司
　　　　　114台北市內湖區舊宗路二段121巷28、32號4樓
　　　　　電話：+886-2-2795-3656　傳真：+886-2-2795-4100

2012年7月BOD一版
定價：270元

國家圖書館出版品預行編目

雪泥鴻爪話俗語：有趣的金門俗語集錦 / 陳麗玉作. -- 一版.
　　-- 金門縣金沙鎮：陳麗玉, 2012.07
　　面；　公分
　　BOD版
　　ISBN 978-957-41-9211-3(平裝)

　　1. 俗語　2. 閩南語　3. 福建省金門縣

539.6   101011063

讀者回函卡

感謝您購買本書，為提升服務品質，請填妥以下資料，將讀者回函卡直接寄回或傳真本公司，收到您的寶貴意見後，我們會收藏記錄及檢討，謝謝！如您需要了解本公司最新出版書目、購書優惠或企劃活動，歡迎您上網查詢或下載相關資料：http:// www.showwe.com.tw

您購買的書名：＿＿＿＿＿＿＿＿＿＿＿＿＿＿＿＿＿＿＿＿＿＿＿

出生日期：＿＿＿＿年＿＿＿＿月＿＿＿＿日

學歷：□高中 (含) 以下　　□大專　　□研究所 (含) 以上

職業：□製造業　□金融業　□資訊業　□軍警　□傳播業　□自由業
　　　□服務業　□公務員　□教職　　□學生　□家管　□其它＿＿＿

購書地點：□網路書店　□實體書店　□書展　□郵購　□贈閱　□其他

您從何得知本書的消息？

　□網路書店　　□實體書店　　□網路搜尋　　□電子報　　□書訊　□雜誌

　□傳播媒體　　□親友推薦　　□網站推薦　　□部落格　　□其他＿＿＿＿＿

您對本書的評價：(請填代號　1.非常滿意　2.滿意　3.尚可　4.再改進)

　封面設計＿＿　版面編排＿＿＿　內容＿＿＿　文／譯筆＿＿＿　價格＿＿＿

讀完書後您覺得：

□很有收穫　□有收穫　□收穫不多　□沒收穫

對我們的建議：＿＿＿＿＿＿＿＿＿＿＿＿＿＿＿＿＿＿＿＿＿＿＿

＿＿＿＿＿＿＿＿＿＿＿＿＿＿＿＿＿＿＿＿＿＿＿＿＿＿＿＿＿＿＿

＿＿＿＿＿＿＿＿＿＿＿＿＿＿＿＿＿＿＿＿＿＿＿＿＿＿＿＿＿＿＿

＿＿＿＿＿＿＿＿＿＿＿＿＿＿＿＿＿＿＿＿＿＿＿＿＿＿＿＿＿＿＿

11466

台北市內湖區瑞光路 76 巷 65 號 1 樓

秀威資訊科技股份有限公司　　　收

BOD 數位出版事業部

....

（請沿線對折寄回，謝謝！）

姓　　名：＿＿＿＿＿＿＿＿＿　年齡：＿＿＿＿　性別：□女　□男

郵遞區號：□□□□□

地　　址：＿＿＿＿＿＿＿＿＿＿＿＿＿＿＿＿＿＿

聯絡電話：(日)＿＿＿＿＿＿＿＿＿　(夜)＿＿＿＿＿＿＿＿＿

E-mail：＿＿＿＿＿＿＿＿＿＿＿＿＿＿＿＿＿＿